Rosemarie Wild · Flat Coated Retriever

ISBN 3-275-01061-1

1. Auflage 1993
Copyright © by Müller Rüschlikon Verlags AG, Gewerbestrasse 10, CH-6330 Cham

Satz: Franz X. Stückle, Druck und Verlag, D-77955 Ettenheim
Druck: Studio Druck, D-72622 Nürtingen
Bindung: Buchbinderei Schumacher AG, CH-3185 Schmitten
Printed in Germany.

Rosemarie Wild

Reihe: »Hunderassen« · Herausgeber Urs Ochsenbein

Flat Coated Retriever
Chesapeake Bay Retriever

Ursprung · Zucht · Erziehung · Pflege

Müller Rüschlikon Verlags AG, CH-Cham/Zug

Senta v. Felsbach, Copyright: F. Steiner

Inhaltsverzeichnis

Vorwort

Wenn wir uns einen Hund anschaffen, ist er noch lange nicht »unser« Hund. Er lebt erst richtig mit uns, wenn wir ihn mit seinen Seelenregungen verstehen.

Um den Hund richtig zu verstehen, müssen wir liebevoll auf seine Eigenarten, Lebensgewohnheiten und Instinktäußerungen eingehen. Der Hund kann nicht »sprechen«, er kann sich aber mitteilen. Er verfügt über sehr viele Zeichen, womit er seine Freuden und Leiden ausdrückt. Mit Andeutungen versucht er, sich verständlich zu machen und wartet geduldig, ob wir ihn auch verstehen. Haben wir ihn verstanden, dann sollten wir ihm dies auch zeigen und seine Freude teilen. Je mehr wir ihn verstehen, desto mehr wird er unser Freund. – Hat der Hund einmal sein Herz »verschenkt«, kann sich derjenige glücklich schätzen, der es erworben hat. Was braucht der Mensch, um glücklich und zufrieden zu sein? Der Mensch braucht Liebe, Verständnis, Respekt, Vertrauen und Geborgenheit. Genau das gleiche braucht der Hund. Auch er braucht Liebe, Verständnis, Vertrauen, Geborgenheit und – vor allem – Respekt.

Wir Menschen mit unserer Intelligenz sollten so intelligent sein, »ihn«, unseren Freund, als Hund zu respektieren. Er will nicht vermenschlicht werden. Er möchte nur unsere Liebe und Gunst, damit er uns das gleiche geben kann. Er ist traurig, wenn wir sein Wedeln mit der Rute nicht bemerken – dabei erwartet er nur, daß wir ihn streicheln. Für sein großes Vertrauen in uns gibt es manches Beispiel, jeden Tag, in jeder Situation. Wir sollten ihn nicht enttäuschen. Wir haben ihn ausgesucht, nicht er uns. Es ist also unsere Pflicht, ihm die Liebe, die nötige Zeit, das Verständnis, das Vertrauen und den Respekt zu schenken – verbunden mit einem täglichen »Danke«.

Olivia Defuns

Frühjahr 1993

Pat Chapman freute sich, das historische Bildmaterial für dieses Buch zusammenzutragen. Ihre schwere Krankheit hat das verunmöglicht. Sie starb am 22. Mai 1993. Brenda Phillips ist in die Bresche gesprungen.

Aber auch Yvonne, Milko, Franz, Sven und Joseph haben unermüdlich Bildmaterial zusammengetragen und waren mit Maya Mächler und Urs Ochsenbein mit ihren Beiträgen eine große Hilfe.

Ich bin allen zu großem Dank verpflichtet.

Rosemarie Wild

Teil I

Flat Coated Retriever – woher kommt dieser Name?

Der englische Begriff *flatcoated* kann mit glatthaarig übersetzt werden. Damit wird ein Hund beschrieben, dessen langes Fell von seidiger, glatter Beschaffenheit ist und nicht gelockt sein soll.

Retriever kommt vom englischen *to retrieve,* was so viel heißt wie bringen, apportieren.

Der Begriff *Flat Coated Retriever* wird erst seit 1898 offiziell im Stammbuch des *Englischen Kennel Clubs* geführt und bezeichnet eine Rasse, die schon vorher existierte, aber einfach unter dem Namen Retriever bekannt war.

Der Flat Coated Retriever, kurz Flatcoat genannt, ist wie alle anderen Retriever eine relativ junge Rasse, die in ihrem heutigen Erscheinungsbild erst im Laufe des letzten Jahrhunderts entstanden ist. Die Retriever gehören in die FCI-Gruppe VIII, Apportier-, Stöber- und Wasserhunde.

Der Flatcoat ist ein mittelgroßer, kräftig gebauter, elegant wirkender Hund mit langem, glattem, glänzendem Haar, den wir heute in den Farben schwarz und braun kennen. Er ist ein freundlicher, fröhlicher, lebhafter, aber sensibler Hund, der dank seinem hochentwickelten Bringtrieb und seiner hervorragenden Nase als Jagdbegleiter in England sehr beliebt ist. Um die Jahrhundertwende war er dort sogar der am meisten verbreitete Retriever überhaupt, bis ihm nach dem 1. Weltkrieg vom Labrador- und vom Golden Retriever der Rang abgelaufen wurde. Nun hat er aber dank seinem liebenswerten Wesen in den letzten Jahren eine »Renaissance« erlebt und als Familienhund, Jagdbegleiter und Sporthund an Popularität gewonnen und wird auch in unseren Breitengraden immer beliebter. Waren vor 10, 12 Jahren vielleicht zwei bis höchstens zehn Flatcoats bei uns auf Ausstellungen anzutreffen, so bewegen sich die Meldezahlen heute eher in der Größenordnung 30 bis 50 Hunde oder noch mehr.

Als *Familienhund* ist er dank seiner Kinderfreundlichkeit, Belastbarkeit, Toleranz und

Der kinderfreundliche Familienhund
Photo: Y. Jaussi

Anpassungsfähigkeit ein idealer Begleiter für jung und alt. Der Begriff *kinderfreundlich* sollte nicht strapaziert werden, denn ein Hund kann nur kinderfreundlich bleiben, wenn er mit Kindern *gute Erfahrungen* gemacht hat. Es ist aber wichtig zu wissen, daß gerade unerzogene Kinder – die glauben, sich alles erlauben zu können, nur weil es sich um ein Tier handelt – einen Hund mit den besten Anlagen verderben können.

Als *Jagdhund* wird er vor allem nach dem Schuß zum Apportieren von erlegtem, oder zum Suchen von verletztem Wild eingesetzt.

Als *Drogenhund* ist er ein nicht mehr wegzudenkender Helfer von Zoll- und Polizeibehörden im Kampf gegen den Drogenhandel.

Als *Rettungshund* hat er sich als Lawinen-, Katastrophen- und Flächensuchhund in Ernstfällen bewährt.

Als *Sanitäts- und Fährtenhund* bringt er ideale Voraussetzungen mit.

Agility, diese neue Hundesportart, ist für ihn eine Herausforderung.

Als *Schutzhund* ist er NICHT geeignet. Leider wird er immer noch von Leuten mißbraucht, die seine seit dem Ursprung der Rasse angezüchtete Fähigkeit des »weichen Mauls« ignorieren. Das »weiche Maul« erlaubt ihm, jede Art von Wild zu apportieren, ohne dieses zu verletzen.

Das Erscheinungsbild des typischen Flatcoats

Der Flatcoat ist ein kraftvoller, mit seinem langen glatten Haar und den dicht befederten Läufen und Rute, immer elegant wirkender Hund. Der Kopf ist lang und wirkt im Gegensatz zu allen anderen Retrievern eher schmal. Dieser Eindruck wird durch den flachen, nicht sehr breiten Schädel und den nur angedeuteten Stopp noch verstärkt. Die Augen sind mittelgroß, haselnußfarben bis dunkelbraun und

Der Fährtenhund
Photo: Defuns

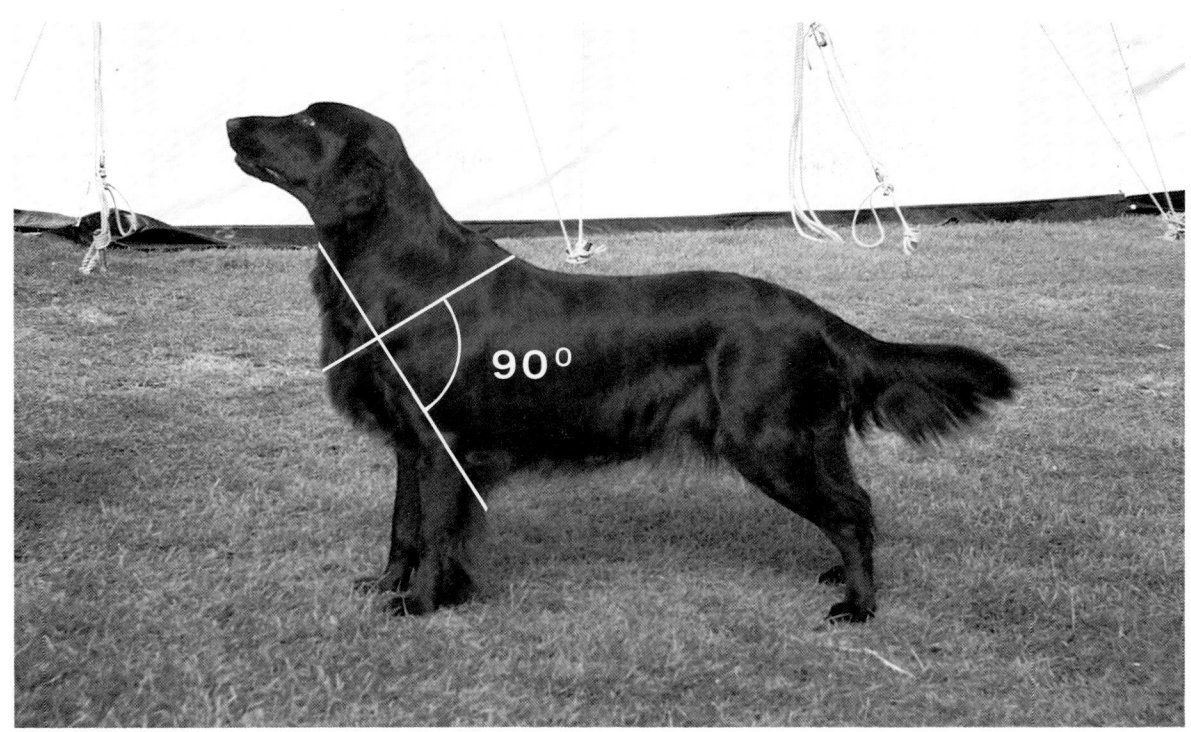

Sh. Ch. Gayplume Dixe
Copyright: Brenda Phillips
Der typische Flat Coated Retriever mit korrekter Vorhand; die Schulter und der Oberarm bilden einen Winkel von 90°.

vermitteln einen sehr intelligenten Ausdruck. Die Ohren sind eher klein (nie groß und schwer), recht hoch und hinten angesetzt und liegen dicht am Kopf. Sein Hals ist lang und liegt in gut gelagerten Schultern, um auch eine schwere Beute tragen zu können. Um diese Arbeit zu bewältigen, wird er von kräftig gebauten Vorderläufen mit gut gepolsterten, stoßauffangenden, runden Pfoten unterstützt. Die Hinterhand muß kraftvoll und starkknochig und gut gewinkelt sein; die Sprunggelenke sind relativ tief angesetzt, damit der Flat-

coat genügend Antrieb und Schub entwickeln kann. Dazu und zum Tragen der oft beachtlichen Beute, unterstützt ihn ein kräftiger, gut bemuskelter Rücken. Der Brustkorb ist tief, mit guter Rippenwölbung, damit genügend Raum für Herz und Lunge vorhanden ist. Die Rippenwölbung darf aber nicht zu rund sein, sie ist vorne eher flach und soll sich erst zur Mitte hin deutlich wölben, damit die Vorhandaktion frei und fließend sein kann und nicht durch Fehlstellungen beeinträchtigt wird. Man darf nicht vergessen, daß der Flatcoat als ge-

Flat Coated Retriever schwarz: Neala's Handsome Hawk
Photo: Y. Jaussi

Flat Coated Retriever braun: Ch. Paddiswood Burnt Lobelia
Copyright: Brenda Phillips

forderter Jagdgebrauchshund für tagelange Einsätze gezüchtet und seiner Morphologie größte Beachtung geschenkt wurde. Dies gilt natürlich heute mehr denn je, denn nur ein gesund gebauter Hund kann ein aktives, hundegerechtes Dasein fristen. Daher ist der Auftrag an den heutigen Züchter genau so deutlich, wie er es vor hundert Jahren war. Nur so kann diese wunderbare Rasse fortbestehen.

Teil II

Ursprung, Geschichte und Entwicklung

Anfangs des 19. Jahrhunderts bestand ein reger Handelsverkehr zwischen Neufundland und England. Es wurde vor allem Kabeljau aus den reichen Fanggründen Neufundlands nach *Poole,* einem englischen Fischerhafen in *Dorset,* und nach *Greenock* im Süden Schottlands gebracht. *Colonel Peter Hawker* und viele andere befuhren zu der Zeit mit ihren Schonern regelmäßig diese Gewässer. Er berichtet 1814 in seinem Buch *Instructions to Young Sportsmen in All That Relates to the Guns and Shooting* über die Hunde, die er in Neufundland vorfand, wobei er sehr genau zwischen zwei Typen, dem großen *Newfoundland-Dog* und dem kleineren, dem *St. John's Dog* unterscheidet. »Der Erste ist sehr groß, mit einem kräftigen Körper und eher kleinem Kopf, mit langem, dichtem, zottigem Fell und

St. John's Dog

einer hochgetragenen Rute. Er wird in diesem Land zum Ziehen von holzbeladenen Schlitten aus dem Innern der Insel zur Küste sowie, dank seiner enormen Kräfte, als Helfer der Fischer beim Einholen der Netze, zum Retten von Menschen und zum Auffischen von Wrackteilen bei Schiffskatastrophen eingesetzt. – Der andere, bei weitem der beste Begleiter für jede Art von Waidwerk, ist meistens von schwarzer Farbe und eine Spur größer als ein Pointer. Kopf und Fang sind etwas länger, die Brust ist sehr tief, die Läufe sind leichter, er weist dichtes, kürzeres, weicheres Haar auf und trägt seine Rute nicht so hoch. Dieser, der St. John's Dog, ist ein sehr aktiver, extrem schneller Schwimmer und Läufer, mit einem ausgeprägten Apportiertrieb und einer hervorragenden Nase. Um verwundetes Wild jedwelcher Spezies zu finden, gibt es nichts Ebenbürtiges unter den Caniden.«

Ein Tagebuchvermerk, datiert von 1822, von *W. E. Cormack,* einem Einwohner von St. John auf Neufundland, beschreibt den St. John's Hund: »Diese Hunde, bewundernswert abgerichtet als Retriever, für jede Art von Wild ...«

Ein anderer Autor, *Mr. Youatt,* beschreibt 1846 in seinem Buch *The Dog:* »Der Neufundländer- oder St. John's Hund kann leicht für alles abgerichtet werden; er ist gescheit, er ist sanft und er ist ein Hund mit dem größten aller Riechvermögen. Er ist so zuverlässig, daß man ihn problemlos neben dem Pointer oder Setter im Feld führen kann, ohne daß er deren Arbeitsweise behindern oder gar stören würde; er ist überglücklich, wenn er verwundetes Wild suchen darf. Diese Arbeit führt er mit Ausdauer und Durchhaltevermögen durch, ohne das Tempo auch über große Distanzen der Nachsuche drosseln zu müssen und läßt sich auch nicht von dichtestem, dornigem Dickicht abschrecken.«

Mary Roslin-Williams, die bekannte englische Labradorzüchterin, beschreibt den St. John's Hund in ihrem Buch *The Dual-purpose Labrador:* »Mit ihrem sehr dichten, wasserabstoßenden Fell waren sie prädestiniert, Fische, die aus den Netzen sprangen, aus der eiskalten, von arktischen Winden gepeitschten See zu fischen. Mit ihrem unermüdlichen Willen zu gefallen, waren sie die unentbehrlichen Helfer des Jägers.«

Heute nimmt man an, daß es sich bei diesen beiden beschriebenen Hunderassen um die Urahnen des heutigen Neufundländers und der Retriever handelt, wobei damals der St. John's Hund sehr oft auch als *Wavycoated Retriever* (wavy – gewellt) bezeichnet wurde.

Retriever – diesen Begriff kannte man schon viel früher; damit bezeichnete man Hunde, die apportieren, z.B. die Spaniels, später die Setter, die sich ja bekanntlich aus

Wavy-coated Retriever (Stonehenge 1878)

Spanielartigen entwickelt hatten, und noch später die Pointer. Diese willkommene Anlage, Beute zu bringen, nahm mit der Entwicklung und Verfeinerung der Schußwaffen an Bedeutung zu, und es drängte sich nachgerade auf, daß für diese Art von Bejagung auch ein neuer Typ von Jagdgebrauchshund entstehen mußte. Damals war die Hundezucht in Großbritannien fast ausschließlich in den Händen des Landadels, der für jede Art Wild besondere Hunderassen einzusetzen pflegte. Zum Stöbern wurden verschiedene Spanielarten und zum Vorstehen Pointer oder Setter verwendet. Zudem waren die Jagdwaffen ausschließlich Vorderlader. Das Laden dieser Waffen beanspruchte jeweils einige Zeit, und die Intervalle der einzelnen Schüsse waren recht groß. Das Wild wurde nicht in dem Maße aufgescheucht wie mit dem zu einem späteren Zeitpunkt entwickelten Repetiergewehr, das dann wiederum den Charakter der Jagd entscheidend veränderte. Da diese Leute als Landbesitzer vom Einkommen ihrer Güter lebten, hatten sie Zeit und Muße für Jagd und Fischfang. Die Hundezucht war Mittel zum Zweck und diente nicht als Gelderwerb. Colonel Hawker und andere Gleichgesinnte erkannten die Vielseitigkeit und Bringfreude der St. John's Hunde, die der durch das Repetiergewehr veränderten Jagdweise in vielen Beziehungen entsprachen, und brachten während mehrerer Jahre immer wieder solche nach England. Die Privatzwinger, die nun entstanden, waren durch für damalige Zeiten enorme Distanzen recht isoliert, was sicher dazu beitrug, daß in relativ kurzer Zeit ein einheitlicher Typ entstand. Ein weiterer Umstand, der diesen Prozeß beschleunigte, war

die Einführung des noch heute im Vereinigten Königreich geltenden Quarantänegesetzes um 1885. Die schwindende Bedeutung des Fischhandels schließlich brachte den Import der Hunde aus Neufundland fast völlig zum Versiegen.

In England bestand schon immer die Tendenz, für jede Form der Jagd eine entsprechende Rasse zu züchten, und man war eifrig bemüht, »Neuheiten« zu besitzen oder zu züchten, die dann nach einiger Zeit als »Englischen Ursprungs« galten.

So geschah es auch mit dem *Flatcoated Retriever*. Diese Rasse entstand im letzten Jahrhundert aus Kreuzungen des Wavycoated Retrievers mit damaligen *Setter- und Collieartigen*.

Zur Frage, woher deren Vorfahren kamen, gibt es verschiedene Thesen. Beim *Wavycoa-*

The Water Dog.

16

ted Retriever kommt man heute immer mehr von der Idee ab, daß nordische Hunde am Anfang standen, und es wird angenommen, daß die 1567 von *Dr. Caius* beschriebene *Englische Dogge* und die 1621 von *Gervase Markham* erwähnte *Water Dogge* oder *Black Water Dog* sowie *spanielartige Hunde,* die es schon zur Zeit der Kelten gab, und der von Mary Roslin-William zitierte *Cane di Castro Laboreiro* viel früher mit europäischen Siedlern in diese kalte, arktische, nebelfeuchte, fisch- und wildreiche Gegend kamen.

Der Einfluß des *Setters* ist beim Flatcoat offensichtlich, und man nimmt an, daß schwarze irische Setter – die es damals gab, und die kleiner waren als der heute bekannte rote *Irische Setter* – eingekreuzt wurden. Der bekannte englische Setterzüchter *Edward Laverack* beschreibt in seinem Buch über Setter eine Linie von pechschwarzen Settern des *Earl of Tankerville,* von *Lord Hume* und von *Mr. Harry Rothwell.* Er erwähnt auch eine walisische Varietät von schwarzen Settern, die mit einem sehr dichten, harsch anzufühlenden Haarkleid bestückt waren, das bestens geeignet war, dem Hund auch beim Durchstreifen von dornigstem Gestrüpp, den größtmöglichen Schutz zu bieten. *Clifford Hubbard* erzählt in seinem Buch *Dogs in Britain* ebenfalls von den schwarzen *Welsh Settern,* auch *Llanidlos Setter* genannt, und erwähnt Züchter wie *Daniel Lambert, Mr. Lort of Fron Goch Hall, Mr. Laverack, Lord Hume, Mr. Rothwell* und den *Earl of Tankerville.* In seinem Buch *History of Retrievers,* schreibt *Charles C. Eley,* daß in den sechziger und siebziger Jahren des letzten Jahrhunderts der Wavycoated eingezüchtet wurde, um diese Setterrasse kräftiger und

wasserfreudiger zu machen. Mit der neuen Rasse wollte man den großen Rivalen, den *Curly Coated Retriever,* ausbooten. Das Resultat war ein schwerer, starkknochiger, langhaariger, aber eher zottig wirkender Hund mit einem recht breiten Schädel und ausgeprägtem Stopp. Um das seidene Haarkleid und den schmalen Schädel mit der feinziselierten Wangenpartie zu erhalten, wurde nun noch der *Schottische Schäferhund,* nicht zu verwechseln mit dem heutigen Collie, eingekreuzt, wie *Marples* in *Showdogs* erwähnt. Als Folge dieser Kreuzungen war die Haarfarbe nicht immer rein schwarz, Braun/Beige-Schwarz, Scheckig und Gelb waren recht häufig anzutreffen – erst jetzt wurden die rassenspezifischen Punkte, die wir in der heutigen Rasse kennen und schätzen, gepflegt und verfeinert.

Als Begründer des Flatcoated Retrievers gilt allgemein *Mr. S. E. Shirley* aus *Ettington.* Er war der Mann, der über viele Jahre mit seinen konstruktiven Zuchtprogrammen als wegweisend für die Reinzucht der Retriever schlechthin galt. Zudem war er der erste Sekretär des 1873 gegründeten *Englischen Kennel Clubs.* Auch hier hat er eine deutliche Marke eines Mannes mit weiser Voraussicht hinterlassen: er ist verantwortlich, daß Stammbücher eingeführt und Standards erarbeitet wurden, die die Reinrassigkeit förderten, und daß die Ethik bei der Zucht, an Ausstellungen, an Field Trials, überhaupt bei allen Anlässen im Zusammenhang mit Hunden, an erster Stelle stand. *Mr. Charles Eley,* der Verfasser des Buches *History of Retrievers,* beschreibt Mr. Shirley als »daß es bis dato keinen bemerkenswerteren Menschen gegeben hat, der mit so viel

Hingabe einer Rasse verpflichtet war, oder besser gesagt, den Hunden überhaupt. Er war von einer großen Liebe zur neuen Rasse inspiriert, deren Erhaltung und Verfeinerung für ihn das Wichtigste war und er dafür weder Zeit noch Auslagen scheute. Er hatte die große Voraussicht, daß die Hundezucht und ihre Begleiterscheinungen wie Ausstellungen und die Field Trials einen enormen Aufschwung nehmen würden und besaß die nötige Kraft und den Unternehmergeist, dieses zu der Zeit noch zarte Pflänzlein der Reinrassigkeit erstarken zu lassen und zum Erfolg zu führen«.

Er war es, der um ca. 1876 die verschiedenen Retrievervarietäten als einzelne Rassen zu registrieren begann und seinem Einfluß ist es zu verdanken, daß die Retriever Field Trials um die Jahrhundertwende einen enormen Aufschwung erfuhren. Von da an taucht der Name *Flat Coated Retriever* regelmäßig auf. Sehr oft wird die Rasse auch der *Shirley Retriever* genannt.

1859 fand die erste Hundeausstellung in *Newcastle-upon Tyne* statt. Überall im Lande entstanden Vereine.

1864 an der Ausstellung in *Ashburnhamhall* wurden die Retriever erstmals in die Klassen *Curlycoated* und *Wavycoated* eingeteilt.

1883 ist das Gründungsjahr des *Englischen Kennel Clubs.*

1895 ist das Gründungsjahr der *Gun Dog League,* der Jaghundevereinigung der Spaniel-, Pointer-, Setter- und Retrieverfreunde.

1899 fand das erste Field Trial statt.

1900 wurde die *Retriever Society* gegründet.

1909 wurde das erste Retriever-Field Trial des Kennel Club, *The Retriever Championship Stake* durchgeführt.

1923 wurde die *Flat-Coated Retriever Association* gegründet.

1924 fand das erste Field Trial für Flatcoated Retriever statt.

1937 entstand der *Flat-Coated Retriever Club.*

1947 nach dem Zweiten Weltkrieg schlossen sich die Flatcoated Retriever Association und der Flat-Coated Retriever Club zusammen und gründeten die *Flat-Coated Retriever Society.* Sie ist noch heute für die Flatcoated Retriever-Zucht in Großbritannien zuständig.

Früher, vor dem Ersten Weltkrieg und später, in den »Goldenen Jahren«, so nennt man in Jagdhundekreisen in England die Zeit zwischen den beiden Weltkriegen, arbeitete man mit jedem Retriever. Es war normal, daß der

Flat Coated Retriever-Hündin mit ihren Welpen 1913

gleiche Hund an einem Tag an der Jagdprüfung oder als Begleiter des Jägers an der Jagd teilnahm, am nächsten Tag auf einer Ausstellung gemeldet war und ohne weiteres in der Lage war, beide zu gewinnen. Daher war es wichtig, daß bei der Zucht dem Aussehen wie den Arbeitsanlagen gleichviel Gewicht beigemessen wurde, um diesen hohen Anforderungen zu genügen. Durch den Aufschwung, den die Retrieverrassen nach dem Zweiten Weltkrieg erhielten, gab es bei vielen eine Teilung der Interessen. Mit dem Ausbruch des Krieges und den entbehrungsreichen Nachkriegsjahren verschwanden leider viele Zwinger, und viel wertvolles Zuchtmaterial ging für immer verloren. Den wenigen Züchtern, die in diesen schwierigen Zeiten mit großen Anstrengungen und viel »Goodwill« durchhielten, ist es zu verdanken, daß der ursprüngliche »Dualpurpose Retriever« – frei übersetzt mit »gleichwertig für Jagd und Ausstellung« – erhalten blieb. In dieser Zeit entstand aber eine neue Generation von Züchtern, der sogenannte »Ein-Hund-Besitzer« und »Stadtbewohner«, der wenig oder keine Beziehung zur Jagd und ihren Begleiterscheinungen hatte, ideale Voraussetzungen für große Zuchtsünden waren gegeben. Viele Züchter interessierten sich nur noch für das Ausstellungswesen, andere nur noch für die Arbeitsseite. Das hatte zur Folge, daß wir heute vor allem in England in den sogenannten »Schönheitslinien« der Labrador- und Golden Retriever zu schwere, zu massige Hunde mit atypischen Köpfen vorfinden, die, von der Statur her gesehen, nicht mehr in der Lage sind, im Jagdgebrauch zu genügen. Auf der anderen Seite finden wir hochgezüchtete Arbeitsma-schinen, sehr leichte, auf Schnelligkeit und Wendigkeit gebaute Hunde, die nur noch im Entferntesten in Aussehen und Wesen mit dem ursprünglichen Retriever übereinstimmen. Dieser Prozeß der Entwicklung zweier Extreme hat auch bei anderen Jagdhunderassen stattgefunden. Die Flatcoated-Rasse blieb davor lange Zeit verschont, da sie in der Popularität mit dem Labrador- und dem Golden Retriever den kürzeren zog. Zu ihrem Glück, muß man heute sagen. Diese Rasse blieb immer in den Händen weniger und wurde als »Dualpurpose« in ihrer ursprünglichen Form erhalten. Die Tendenz zum »Spezialisieren« gibt es in England seit einigen Jahren, und es ist nur noch eine Frage der Zeit, daß das auch bei uns Anklang finden wird. Viele englische Züchter die immer für das »Dualpurpose« eintraten, sehen dieser Entwicklung verständlicherweise mit einiger Besorgnis entgegen. Erfreulicherweise haben die Spezial Clubs in den drei Ländern Schweiz, Deutschland und Österreich keine Anstrengungen gescheut, um das »Dualpurpose« zu erhalten, indem sie das Zuchtgeschehen mit Hilfe von vernünftigen Zuchtreglementen überwachen. Hier liegt ein deutlicher Auftrag für den heutigen und den zukünftigen Flatcoat-Züchter in unseren Breitengraden vor, in seiner Zucht immer Wert auf die vier wichtigsten Kriterien wie gutes Wesen, das Aussehen, die Arbeitsanlagen und die Gesundheit zu legen.

Der Anfang der Reinzucht

Im letzten Jahrhundert war es noch nicht unbedingt üblich, Zwingernamen zu führen; diese entstanden erst allmählich, als die Hundepopulation größer wurde. Damals kannte man die Hunde nach ihrem Rufnamen und dem Namen des Besitzers: z.B. die Hündin Midnight von Mr. Shirley; sie wurde in den Stammbüchern als Midnight (Shirley) geführt, somit war jedermann klar, um welchen Hund es sich handelte.

Die Hündin *Old Bounce (Hull)* findet man in den alten Stammbäumen; sie ist sicher eine der Begründerinnen der gezielten Floatcoat-Zucht. Sie wurde 1868 erstmals ausgestellt und erregte Aufsehen, weil sie dem Typ Hund entsprach, den diese frühen Züchter anstrebten. Sie gehörte *Mr. John Hull,* der Wildhüter auf dem Gut des *Herrn Whitehouse of Ipsley* war. Ihre Eltern waren *Black Sailor,* ein aus Neufundland eingeführter St. Johns Hund und die kleine schwarze Hündin *Boss (Hull),* die ebenfalls Mr. Hull gehörte. Mit dem Rüden *Cato* des *Herrn Chattocks* hatte sie einen

MAJOR ALLISON'S RETRIEVER "SAILOR."

Wurf, aus dem die wohl berühmteste Zuchthündin, *Young Bounce,* hervorging. Young Bounce hatte viele Nachkommen, die Flatcoated-Geschichte schrieben und am Anfang von neu gegründeten Zuchtlinien zu finden sind, so z.B. *Banker, Copson, Monarch, Midnight, Lady Bounce, Thorn, Perdix, Young Victor* und *Beaver.* Die vier Letztgenannten waren Wurfgeschwister, die an der Ausstellung in Birmingham 1874 die Sensation waren, indem die drei Rüden die Plätze 1 – 3 in der Rüdenklasse belegten, und die einzige Hündin die Hündinnenklasse gewann.

Cato hatte eine vortreffliche Nase, war ein guter Vererber und ein schlauer Retriever. Er wird später, als er an *Dr. Bond Moore* verkauft wurde, unter dem Namen *Morley* in den Stammbüchern geführt.

Weitere Züchter und ihre bekannten Hunde tauchen in der Geschichte auf. Wir finden dabei drei Typen: die Labrador-Ähnlichen, die Setter-Ähnlichen und die Collie-Ähnlichen. Bei den Labrador-Artigen finden wir *The Reverend T. Pearce* in Dorset, dessen Hunde einen großen Einfluß in der Flatcoatzucht hatten. Er ist der Züchter von *Mr. Rock's Mentor,* von *Mr. Farquharson's* (ein Nachbar von Mr. Pearce) *Hund Ben, Mr. Meyrick's Wyndham* und *Mr. Shirley's Sailor,* einem kapitalen Labrador, dessen Kopf als etwas zu mächtig beschrieben wird, der aber eine gute Fellqualität, gute Läufe und Pfoten hatte, und dessen Gesamterscheinung und traumhaften Arbeitsanlagen sehr nahe dem, für damalige Begriffe, perfekten Hund kamen.

Die Setterartigen findet man bei den Nachkommen von *Colonel Allison's Victor,* dem Vater von *Thorn, Perdix, Young Victor* und

Beaver, aus *Mr. Shirley's Young Bounce.*

Den Collie-Typ findet man bei einigen Hunden aus *Mr. Bevan's* Linien.

Die wichtigsten britischen Linien und ihre Züchter

Mr. Sewallis Evelyn Shirley von *Ettington Park,* wie schon an anderer Stelle erwähnt, gilt als Vater der Flat Coated Retriever. Er lebte von 1844 – 1904. Er war Parlamentsabgeordneter, Friedensrichter in Stratford on Avon, dem Geburtsort von *William Shakespeare,* und der erste Präsident des 1873 gegründeten *Englischen Kennel Clubs.* Sein Vater züchtete schon Retriever, und so war es naheliegend, daß die Interessen des Sohnes auch in diese Richtung schwenkten, und dieser beschloß, die Wavy Coated Retriverrasse im Zwinger seines Vaters zu verfeinern. Von Mr. Hull kaufte er die Hündin *Young Bounce* und Welpen aus *Old Bounce;* er kaufte Hunde von Dr. Moore und Mr. Brewes, noch einem anderen Züchter, der bekannt für seine guten Hunde war. Er bemühte sich besonders, das wellige, zottige Haar des Wavycoated, und die üppige, überlange, von den Settern stammende Befederung der Läufe zu verfeinern.

In relativ kurzer Zeit hatte er seinen Typ fixiert und bald waren seine Hunde im ganzen Land ein Begriff, man sprach von den Flat Coated- oder Shirley-Retrievern. *Zelstone, Ch. Moonstone,* sein Sohn *Ch. Darenth,* dessen Söhne *Black Drake* und *Whimpole Peter* sind die Eckpfeiler der Rasse schlechthin. Vor allem *Ch. Darenth* (1888 – 1900) steht hinter

RETRIEVER.

Mr. G. Thorpe Bartram's ZELSTONE (K.C.S.B., 10,358).

allen Linien von heute. Die Shirley-Welpen fanden überall im Land neue Besitzer, die sich ihrerseits mit Mr. Shirley um die Zucht bemühten. *Mr. Reginald Cooke* (1860 – 1951) war oft Gast in *Ettington Park* und hat dank den Shir-

Ch. Darent 1888 – 1900

ley-Hunden dort seinen Blick, einen guten Flat-coat erkennen zu können, geschult und verfeinert und war über fünfundsiebzig Jahre aktiv mit der Rasse verbunden. Sein *Riverside*-Zwinger war sehr berühmt. Er hat während sechzig Jahren seine Riverside-Flatcoates ausgestellt und 349 C.C. (Challenge Certificates), 130 Reserve C.C., 2084 erste, 513 zweite, 228 dritte Plätze und 296 Spezialpreise gewonnen. Viele seiner Hunde wurden Champions, *Toby*- und *Grouse of Riverside* sogar Dual-Champions (Field Trial- und Ausstellungssieger). Auch die Resultate an Field Trials lassen sich sehen: 15 erste, 10 zweite, 11 dritte und 21 vierte Plätze. Mr. Reginald Cooke war, wie Mr. Shirley, eine große Stütze für die Rasse. Er hat 13 große, in kostbares Leder mit vergoldeten Ecken gebundene Zuchtbände mit 233 Stammbäumen hinterlassen, die er mit passenden Zeitungsausschnitten und anderen wichtigen Dokumenten ergänzte, und so der Nachwelt unersetzbare, miterlebte Rassengeschichte überlieferte. Er war bei den Anfängen und in der Blütezeit der Rasse um die Jahrhundertwende dabei, er begleitete sie durch die entbehrungsreichen Jahre der beiden Weltkriege. Er war ein wichtiger Zeuge; und ohne ihn wäre die Rasse um vieles ärmer.

Um die Jahrhundertwende kamen die braunen Flatcoats, *die Livers* in Mode, und es etablierten sich verschiedene Linien, die diese Farbe systematisch züchteten.

In den ersten zwanzig Jahren des 20. Jahrhunderts nahm die Popularität des Labrador- und des Golden Retrievers einen enormen Aufschwung, der Flatcoat dagegen stagnierte, ja, sein Bestand verminderte sich zuse-

Atherbram Brackern 1958
Copyright: Brenda Phillips

hends. Er war aber bei den Wildhütern immer noch sehr beliebt, und eine kleine Anzahl von Züchtern bemühte sich sehr um die Rasse. Zwischen den beiden Weltkriegen wurde oft wieder Labradorblut eingekreuzt, um gewisse Schwächen, vor allem bei den zu fein geratenen Fängen, zu korrigieren.

In den dreißiger Jahren war der Zwinger *Atherbram* von *Mr. W. J. Phizacklea* sehr einflußreich und die *Atherbram-Flatcoats* waren wichtige Zuchtstützen über viele Jahre. Der Zwinger ging nach dem Tode von *Mr. Phizacklea* an seine Nichte, *Mrs. M. Payne,* die seine Tradition bis heute würdig fortsetzte, und die *Atherbram's* sind noch heute ein Begriff.

Ein weiterer zu der Zeit wichtiger Züchter war *Mr. W. Southam.* Er hatte keinen Zwingernamen, sondern benutzte immer die beiden Buchstaben »Sp« in der Namengebung seiner Hunde.

Field Trial: Dr. Nancy Laughton mit Claverdon Turtleclove 1961
Photo: Monty

Ein anderer einflußreicher Zwinger, ebenfalls ohne Namen, wurde vom Oberwildhüter des *Duke of Ruthland, Mr. Colin Wells,* gegründet. Seine Hunde waren wegen ihrer außerordentlichen Qualitäten berühmt und sehr gefragt. Der Krieg kam, Mr. Wells war Soldat, wurde unter die Fahne gerufen und mußte die Zucht aufgeben. 1945, nach seiner Demobilisierung, kaufte er *Claverdon Waterman* und *Claverdon Faith,* die beide auf seine Vorkriegslinien zurückgingen. Diese Hunde stehen am Anfang einer außergewöhnlich hochstehenden Flatcoat-Zucht. Mr. Well sagt heute

(Zitat): »Mein höchstes Ziel war stets, wirklich Dual-Purpose-Hunde zu züchten: gut genug, um bei den Besten der Rasse auf der Ausstellung zu gewinnen, und kräftige, ausdauernde, führige Arbeitshunde, denen auch die härtesten Anforderungen eines Jagdtages nichts anhaben konnten.«

Während des Zweiten Weltkrieges starb die Rasse fast aus; und es ist das Verdienst von wenigen, die sehr viel taten, um eine Katastrophe zu vermeiden. Es waren Leute wie *Phizacklea, Cooke, Mrs. P. M. Barwise* mit den *Forestholm-Hunden, Dr. Nancy Laughton* mit

23

Mr. Stanley und Mrs. Kath O'Neill und ihre Pewcroft-Hunde, 1956.
Dieser bedeutende Zwinger existierte schon vor dem Krieg.
Copyright: Brenda Phillips

Ch. Fenrivers Golden Rod 1964
Photo: Ann Edman

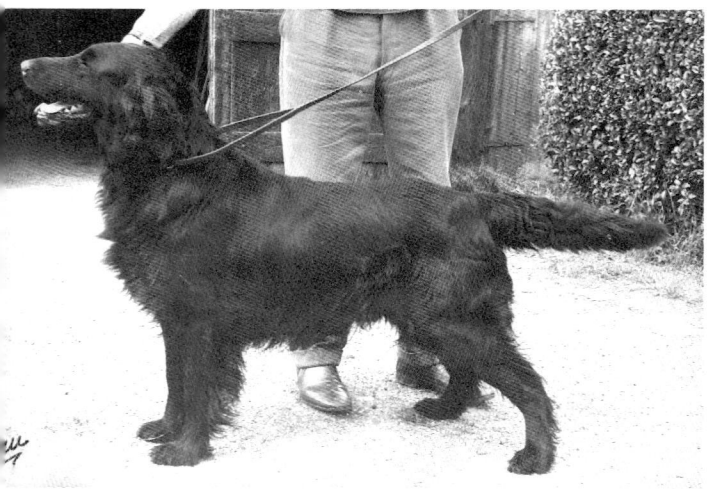

dem *Claverdon*-Zwinger und, wieder nicht zu vergessen, die Wildhüter, die das Schlimmste verhinderten.

Dr. Nancy Laughton begann 1944 mit der Zucht und züchtet heute immer noch. Sie ist DIE Expertin schlechthin und hat mit ihrem umfassenden Buch *A Review of the Flatcoated Retriever* vielen Leuten den Zugang zu dieser interessanten Rasse erleichtert. Ihre Zucht war über Jahre führend und es gibt sehr viele *Claverdon-Champions.* Stellvertretend für die vielen Champions aus ihrer Zucht sei der Rekordwurf, aus dem sechs Champions hervorgingen, erwähnt: die Rüden *Waterboy* und *Workman* und die Hündinnen *Black Velvet, Celeste, Watchful* und *Black Satin;* auch diese Hunde und ihre Nachkommen schrieben Flatcoat-Geschichte. Dr. Laughton engagierte sich sehr für ein aktives Clubgeschehen und war unter anderem die erste Sekretärin der *Flat-Coated Retriever Society,* die 1947 entstand. Ihr verdankt die Rasse sehr viel, und sie genießt weltweit hohes Ansehen.

In den fünziger und sechziger Jahren entstanden neue Zwinger, die aber alle auf den Linien der Züchter, die vor, während und kurz nach dem Krieg die Rasse prägten, aufgebaut wurden.

Die Flatcoat-Züchter hatten eines gemeinsam: Ihr Zuchtziel war immer das Dual-Purpose = gleichwertig als Arbeits- wie als Ausstellungshund. Dies war nur möglich, weil der Flatcoat vom sich rasant ausbreitenden »Retriever-Boom« verschont und eher ein Insider-Hund blieb, den sich vor allem die Wildhüter hielten, die auch in der heutigen Zeit ihre alten Traditionen pflegen. Zwinger, die zu dieser Zeit entstanden, waren:

1950 *Lingwood* von *Brigadier WP. W. Clowes.*

1953 *Fenrivers* von *Mr. Reed Flowers,* Vorsitzender der *Society,* dessen Rüde *Ch. Fenrivers Golden Rod* 1967 und 1968 Rassebester an der wichtigsten englischen Ausstellung, der *Cruft's Dog Show* in London wurde.

1955 *Collyers* von *The Honourable Mrs. Amelia Jessel,* die lange Jahre Sekretärin der Society war und als begabte Hundeführerin an Field Trials oft durch Glanzleistungen ihrer Hunde auffiel. Im gleichen Jahr begann *Mrs. M. Izzard* mit der Zucht; in ihrem *Ryshot*-Zwinger setzte sie sich im Laufe der Jahre sehr erfolgreich für die Flatcoats, die *Livers* ein. *Ch. Ryshot Copper Bracken, Ryshot Copper Beau, Ryshot Copper Ablaze und Ryshot Copper Jacinth* sind die bekanntesten Braunen, die über die Jahre gezüchtet wurden; es hat aber auch immer gute Schwarze aus diesem Zwinger gegeben – Mrs. Izzard hat sich immer deutlich für das Dual-Purpose eingesetzt – alle ihre Hunde sind als feine Arbeits- wie als gute Ausstellungshunde bekannt.

1958 *Halstock* von *Mrs. P. Lock,* die schon als Kind mit den Flatcoats durch ihren Vater verbunden war. Sie züchtete die Hündin *Halstock Black Jewel,* deren Nachwuchs sehr rassetypisch war.

1958 *Hartshorn* von *Mr. und Mrs. Wilson Stephens.*

1963 *Downstream* von *Peter* und *Shirley Johnson.* Peter ist Wildhüter; er und seine Frau haben sich sehr um die Rasse bemüht.

1964 *Heronsflight* von *Mrs. Joan Mason* ist mittlerweile in der ganzen Welt bekannt. Joan Mason ist eine Kennerin der Rasse und als Richterin im In- und Ausland sehr begehrt und

Ch. Heronsflight Pan's Pledge
Photo: D. Dalton

Mrs. Joan Mason (rechts) mit Ch. Heronsflight Pan's Promise, CC und BOB, und ihre Tochter Mrs. Rosemary Talbot mit Heronsflight Moss, CC, National Gundog CH. Show 1990. Richterin: Mrs. J. Griffith.

geschätzt. Nicht minder sind es die Herons-flight-Flatcoats; sie sind in praktisch allen heutigen Stammbäumen anzutreffen, und man kann ohne jeden Zweifel sagen, daß die Rasse heute ohne diese große Stütze ärmer wäre. *Ch. Heronsflight Black Bell of Yarlaw, Ch. Heronflight Pan's Pledge und sein Bruder Ch. Heronsflight Pan's Promise* sind würdige Vertreter ihrer Rasse, und ihre großen Qualitäten sind in den heutigen Flatcoats in der ganzen Welt zu finden.

Anfangs der achtziger Jahre gab es einen großen Aufschwung in der Rasse, da ein Flatcoat *Best in Show* an der *Cruft's* wurde. *Miss Pat Chapman* und der von ihr gezüchtete *Ch. Shargleam Black Cap* haben mit diesem Titelgewinn einen unwahrscheinlichen »Boom« ausgelöst, um so mehr, als diese Veranstaltung via Fernsehen in alle Haushaltungen übertragen wurde, und viele Leute das erste Mal von dieser Rasse hörten. Denn unter Retriever verstand bis anhin der »Jedermann« nur Labrador- oder Golden Retriever.

Shargleam ist ein sehr erfolgreicher Zwinger, der über all' die Jahre immer wieder Hunde von bestem Typ züchtete. Die Nachfrage nach *Shargleam's* ist weltweit, das Angebot ist klein, da in diesem Zwinger – wie in vielen anderen – nach dem Motto »lieber Qualität als Quantität« gezüchtet und nicht produziert wird.

Oben: Ch. & Irish Ch. Shargleam Blackcap, der legendäre Flat Coated Retriever der achtziger Jahre. Seine Züchterin Miss Pat Chapman starb am 22. Mai 1993. Sie hinterläßt eine große Lücke. Photo: D. Dalton

Mitte: Ch. Shargleam Kingfisher
Photo: Russell Fine Art

Unten: Ch. Tonggreen Sparrowboy
Photo: Ann Edman

Mrs. Paddy Petch, die Autorin des Buches *The Flat-Coated Retriever,* war eine große Persönlichkeit und hat als Richterin, Hundeführerin und Züchterin der *Rase-Flatcoats,* wie ihr Zwinger hieß, in den letzten dreißig Jahren viel für die Rasse getan. Ihr Tod 1992 hat eine große Lücke hinterlassen.

Exclyst von *Mrs. Brenda Phillips* entstand in den siebziger Jahren und ist auch heute noch sehr erfolgreich. *Ch. Exclyst Moonshine, Ch. Exclyst Noble Lad* und *Sh. Ch. Exclyst Viking* sind bekannte Hunde, die nach den alten Linien gezogen sind und dem Idealbild dieser Rasse sehr nahe kommen.

Weitere wichtige Zwinger sind: *Oakmoss, Wizardwood, Falswift, Gayplume, Llecan, Haweth, Riverflight, Tarncourt, Toongreen, Torwood* und *Vbos,* um nur einige zu nennen.

Die für die Rasse wichtigsten Hunde der achtziger Jahre waren: *Ch. Puhfuh Phineas Finn, Ch. Primula of Ravenscrest, Ch. Elizabeth of Exclyst, Ch. Midnight Star of Exclyst* und *Int. Ch. Celebrity of Ryshot, Ch. Bordercot Guy, Belsud Brown Guillemot, Ch. Halstock Primula of Ravenscrest, Ch. Monarch of Leurbost, Wizardwood Tawny Phesant, Ch. Torwood Poppet, Exclyst Imperial Mint, Clowbeck Cock Robin und Fine Feathers.* Auch diese Namen sind nur ein Auszug aus einer langen Liste.

Der Flat Coated Retriever in der Schweiz

Von 1900 – 1928 wurden sämtliche Retriever im *Schweizerischen Hundestammbuch* (SHSB) unter *Retriever* eingetragen. Der erste Eintrag lautet:

Ch. Branchalwood Stroan
Photo: D. Dalton

Exclyst Viking und Victoria als Junghunde
Photo: D. Dalton

Eine Gruppe Camwood-Flat Coated Retriever
Photo: S. Gmür

Gladys v. Schauensee
Photo: J. Joller

2310 Juno. *Bes. Amédé Kohler, Lausanne. Z.: Martens, Dortow, GB. geb. 1900, schwarz, Abstammung unbekannt. 1. Preis OK Zürich 1902.* Es könnte sich hier um einen Wavy-coated- oder um einen Labrador Retriever gehandelt haben.

Der zweite Eintrag im SHSB weist schon eher auf einen Flatcoat hin, da der Züchter, Mr. Phizacklea mit dem Altherbram-Zwinger ein bekannter Flatcoat-Züchter war, worauf schon vorgängig in der Rassegeschichte hingewiesen wurde:

30994 Challoner Gunner. *R. schwarz, geb. 20. Februar 1924, von Jovial aus Atherbram Belle. Z. Phizacklea, England. Bes. R. Wirth, Bern. Luzern 1928: OK sehr gut 1.*

Erst anfangs der siebziger Jahre finden wir wieder Einträge von Flatcoats im SHSB. Vor etwa 25 Jahren wurde bei einigen Labradorzüchtern in der Schweiz immer wieder der Wunsch nach einem langhaarigen Labrador geäußert. Damit war der Flatcoat gemeint. 1973 importierte der Labradorzüchter Franz Steiner aus Stäfa das erste Zuchtpaar aus England. Doch dieses eignete sich nicht zur Zucht, und es dauerte noch einige Jahre, bis Herrn Steiner, der sich sehr um diese Rasse bemühte und weder Kosten noch lange Reisen scheute, Erfolg beschieden war, und der erste Wurf Flatcoats am 23. Dezember 1975 fiel. Dies geschah noch alles vor dem Flatcoat-Boom, den der *Cruft's-Sieger Ch. Shargleam Blackcap* auslöste.

Waren 1977 erst 5 Flatcoats im SHSB eingetragen, so finden wir im Band von 1991 bereits 216 Hunde. Andere, ebenso eindrückliche Vergleichszahlen finden wir im Ausstellungssektor:

Ein typischer Flat Coated Retriever v. Felsbach
Copyright: F. Steiner

Danja v. Felsbach (hinten) und ihre Tochter Neala's Fireflame
Photo: Y. Jaussi

An der ersten CAC-Clubshow des Retriever Clubs Schweiz 1981 waren 3 Flatcoats gemeldet.

Am gleichen Anlaß 1992 waren 92 Flatcoats gemeldet.

Diese Zahlen verdeutlichen, wie rasant der Aufschwung in diesem kleinen Land vor sich ging und noch weitergeht, denn die Beliebtheit dieser Rasse nimmt immer noch mehr zu.

In Deutschland und Österreich ist die Rassegeschichte ähnlich wie in der Schweiz verlaufen. Auch in diesen Ländern wird die Rasse immer beliebter.

Die Farbvererbung beim Flatcoated Retriever

Die erwünschten Farben des Flatcoats nach FCI-Standard sind Schwarz und Braun. Durch ihre Urahnen, erwiesenermaßen durch den Wavycoated Retriever, ist die gelbe Farbe ebenfalls im Erbgut einiger heutiger Zuchtlinien, und es kommt immer wieder vor, daß gelbe Welpen geboren werden. In England werden gelbe Welpen nicht registriert und sind somit automatisch von der Rassezucht ausgeschlossen. In der Schweiz erhalten gel-

reinerbig × reinerbig = 4/4 reinerbig

reinerbig × mischerbig = 2/4 reinerbig, 2/4 mischerbig

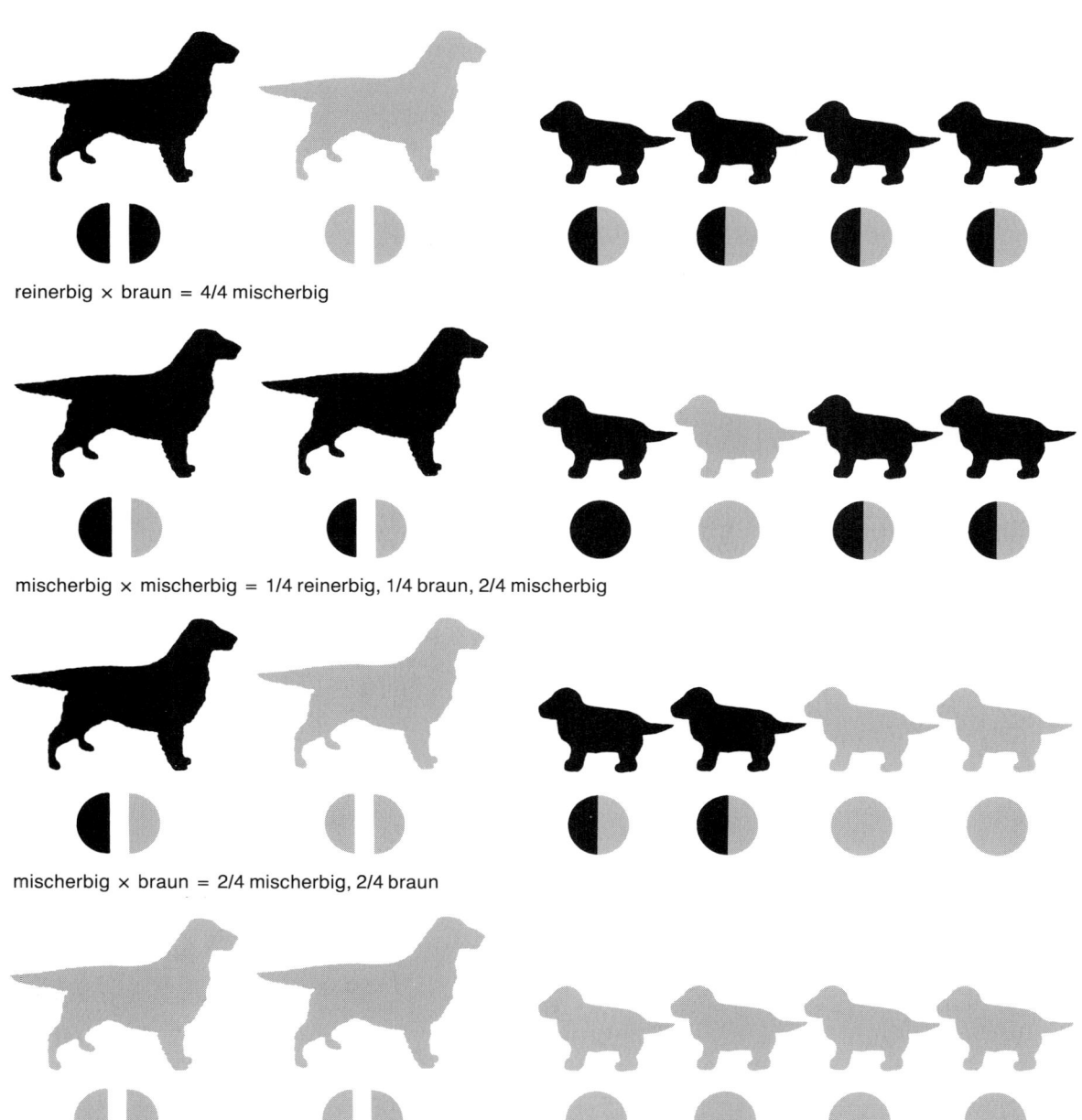

reinerbig × braun = 4/4 mischerbig

mischerbig × mischerbig = 1/4 reinerbig, 1/4 braun, 2/4 mischerbig

mischerbig × braun = 2/4 mischerbig, 2/4 braun

braun × braun = 4/4 braun

31

be Welpen Ahnentafeln, sind aber zur Zucht nicht zugelassen.

Gegen Ende des 19. Jahrhunderts bis zum Ersten Weltkrieg wurden sehr oft zwischen den beiden Rassen Labrador- und Flatcoated Retriever Kreuzungen vorgenommen. Beim Labrador ist die gelbe Farbe seit 1899 offiziell anerkannt worden, als der gelbe Rüde »Ben of Hyde« des Major Radclyffe im *Kennel Club Studbook* (Stammbuch des Englischen Landesverbandes) registriert wurde. Mittlerweile ist bekannt, daß die gelbe Haarfarbe rezessiv vererbt wird, was darauf hinweist, daß es schon immer gelbe Welpen gegeben haben muß. Weil aber die ersten nach England gebrachten St. John's Hunde in der Regel schwarz waren, wurden die gelben Nachkommen nicht oder nur vereinzelt zur Zucht verwendet. Genau das gleiche geschah mit den Braunen, in englisch «liver» genannt, auch sie wurden erst später reingezüchtet.

Genetik

Schwarz ist dominant zu Braun und Gelb.

Braun ist dominant zu Gelb, aber rezessiv zu Schwarz.

Gelb ist rezessiv zu Schwarz und Braun.

Reinerbige (homozygot), schwarze Eltern tragen nur schwarze Gene, sind genetisch dominant, ihre Nachkommen sind schwarz.

Mischerbig (heterozygot), schwarze Eltern tragen verschiedene Gene, schwarz oder braun, möglicherweise noch gelb, sind genetisch dominant-rezessiv, ihre Nachkommen können schwarz, braun und möglicherweise auch gelb sein.

Braune Eltern haben kein schwarzes Gen, ihre Kinder sind braun. Aus braunen Eltern, die ein gelbes Gen tragen, können gelbe Welpen hervorgehen.

Teil III

Wissenswertes vor dem Kauf

Physiologie und Verhalten des Hundes

Der Hund eignet sich wie kein anderes Lebewesen zum Begleiter des Menschen. Durch die rasante Entwicklung einer nur den menschlichen Bedürfnissen angepaßten, hochtechnisierten Umwelt hat der Hund jedoch seinen natürlichen Lebensraum fast vollständig verloren. Nun liegt es am Menschen, seinem Begleiter dennoch ein seiner Art entsprechendes Umfeld zu schaffen. Dazu muß er einiges über die Bedürfnisse des Hundes und über sein Verhalten wissen.

Der Hund ist kein Kind, das nicht sprechen kann, sondern ein von der Natur völlig anders ausgestattetes Wesen als der Mensch. Er ist ein Meutetier, das Geselligkeit liebt und, sich selbst überlassen, mit der Zeit verkümmert. Sein ihm angeborenes Sozialverhalten ermöglicht dem Hund, in einer Besitzerfamilie eine Ersatzmeute zu finden. Innerhalb dieses »Rudels« wird er seine Rangstufe suchen. Damit ist dem Besitzer die Möglichkeit gegeben, ihn in den Familienbereich einzufügen, vorausgesetzt, daß er ihn artgerecht erzieht.

Der Hund gehört in die Kategorie der höher entwickelten Säugetiere. Er besitzt ein vor-

Liebe auf den ersten Blick
Photo: Y. Jaussi

33

zügliches Lernvermögen und ein gutes Gedächtnis. Dies befähigt ihn, aus angenehmen und unangenehmen Erlebnissen Erfahrungen zu sammeln und sich dann auch entsprechend zu verhalten. Er vermag jedoch nicht in menschlichen Begriffen zu denken und hat von menschlicher Moral keine Ahnung. Er befindet sich jenseits von »Gut und Böse«.

Das Hirn des Hundes ist bedeutend einfacher ausgebildet als das des Menschen. Aber er verfügt über genügend Fähigkeiten, um mit dem Menschen in Kontakt zu treten. Um ein gutes Team Mensch/Hund zu bilden, müssen beide Partner lernen. Für den Menschen geht es darum, zu erkennen, wie er sich verhalten muß, damit der Hund eine Chance hat zu merken, was er von ihm will. Der Hund seinerseits muß sich an die Äußerungen des Menschen (Hör- und Sichtzeichen) gewöhnen und lernen, diese mit den ihnen zugeordneten Handlungen in Verbindung zu bringen.

Wie erfährt der Hund seine Umwelt?

Zur Wahrnehmung seiner Umgebung benutzt der Hund seine Sinnesorgane: Nase, Ohren, Augen, Tast- und Geschmacksinn – diese sind für ihn die Pforten zur Umwelt.

Nase: In erster Linie verläßt sich der Hund auf

Drei Camwood-Flat Coated Retriever
Photo: S. Gmür

34

seine Nase, denn die Geruchsbilder bilden den wichtigsten Teil seiner Umwelt. Sein Riechfeld ist viel größer als dasjenige des Menschen: Hund 120 – 170 cm², Mensch 5 – 7 cm².

Ohr: Das hundliche Gehör ist dem menschlichen überlegen. Es nimmt Töne und Geräusche wahr, die der Mensch nicht mehr hört.

Auge: Der Hund ist ein Bewegungsseher, der auch auf erhebliche Distanz (ca. 500 – 700 m) etwas erblicken und auf Grund der Bewegungsweise erkennen kann. Ein stillstehendes Objekt kann der Hund wohl über große Distanzen sehen, hat aber nicht – wie der Mensch – die Fähigkeit, dieses zu erkennen.

Tastsinn: Sein Tastsinn ist hochentwickelt und ist über die ganze Körperoberfläche verteilt. Besonders empfindlich sind der Nasenspiegel, die Lippen, die Pfoten, die Augenbrauen, die Schnauz- und Barthaare.

Raumempfinden: Er hat ein blitzschnelles Reaktionsvermögen und bewegt sich in einer Welt voller Hindernisse sicher.

Geschmacksinn: Aasverwerten hat der Hund von seinen Ahnen übernommen. Sein »guter Geschmack« ist für ihn lebenswichtig, die Grenzen des »Erträglichen« sind anders als beim Menschen.

Überlegungen vor dem Kauf eines Hundes

Vor dem Hundekauf sollte man sich einige wichtige Fragen stellen und ein paar grundsätzliche Überlegungen machen.

Was ist ein Hund?
Reichen meine allgemeinen Kenntnisse aus, weiß ich über die Bedürfnisse eines Hundes genügend Bescheid?

Der Zeitfaktor
Bin ich bereit, während den nächsten 10 – 15 Jahren tagtäglich, *immer* – bei jedem Wetter – viel persönliche Freiheit für ein Tier zu opfern? Erlauben mir meine Hobbys, auch am Wochenende meinem Hund genügend Zeit zu widmen? Wie gestalte ich in Zukunft meine Ferien? Nicht alle Strände sind während der Hauptsaison für Hunde offen – Skipisten sind tabu. Bin ich grundsätzlich bereit, andere Ferien zu planen, wo der Hund integriert ist, oder habe ich eine Bezugsperson, die ihn während meinen Ferien betreut?

Die Familienintegration
Wie stellen sich die übrigen Familienmitglieder zu einem Hund? Hier sollten schon alle positiv eingestellt sein, denn der Hund hat ein Anrecht auf Zuwendung und Geborgenheit. Als Meutetier spürt er als erster Spannungen – damit sind Schwierigkeiten programmiert. Es sollte auch abgeklärt werden, ob allenfalls jemand in der Familie allergisch z. B. auf Hundehaare reagiert.

Die Wohnsituation
Ist meine Wohnsituation überhaupt für Hundehaltung geeignet? Ist ein Versäuberungsplatz in vernünftiger Distanz erreichbar? Auch Hunde müssen manchmal ganz schnell … Da ist eine verbetonierte Welt sicher nicht die richtige Umgebung. Als Mieter muß abgeklärt werden, ob Haustiere gestattet sind.

Die Nachbarn
Nicht alle Menschen sind Hundefans. Es empfiehlt sich, hier gut zu sondieren und vor dem

Kauf einen Konsens zu finden, der auf die Dauer alle befriedigt.

Mutter und Hausfrau

Bin ich als Mutter eines Säuglings und/oder von noch nicht schulpflichtigen Kindern überhaupt in der Lage, neben meiner Aufgabe, diese in die Selbständigkeit zu führen, auch noch einem Hund die nötige Aufmerksamkeit, Zeit und Liebe entgegenzubringen? Ein Hund eignet sich nicht als Spielzeug für Einzelkinder und schon gar nicht als Elternersatz für Kinder, die zuviel allein sein müssen.

Beruf und Hund

Als ganz- oder halbtags berufstätige Person muß ich wissen, daß ein tagtäglich stundenlang allein gelassener Hund jämmerlich verkümmern wird. Dazu wird er anfangen, sich selbst zu beschäftigen und sich mit dem Naheliegendsten zu befassen: nämlich der Wohnungseinrichtung. Da werden Teppiche und Möbel angefressen. In einer solchen Lebenssituation ist es besser, auf einen Hund zu verzichten – es sei denn, man kann das Tier an den Arbeitsplatz mitnehmen. Man darf nie vergessen, daß der Hund ein Meutetier ist, das Geselligkeit liebt und braucht.

Der finanzielle Aufwand

Die Kostenfrage ist ein nicht unwesentlicher Faktor.

Für Futter, Hundesteuer, Tierarzt und Haftpflichtversicherung ist pro Jahr mit etwa 2000 Fr. zu rechnen.

Neala's Fireflame und ihre Welpen
Photo: Y. Jaussi

Rüde oder Hündin?

Eine immer noch weitverbreitete Meinung – wohl vor vielen Jahren zur Zeit der Kettenhunde entstanden – behauptet, die Hündin sei viel anhänglicher, sensibler und hausgebundener als der Rüde, der zum Streunen neige. Die moderne Verhaltensforschung widerlegt diese alte »Volksweisheit«. Man hat erkannt, daß ein Hund seinen Neigungen entsprechend beschäftigt sein will. Ein geforderter Hund ist ein zufriedener Hund – ob Rüde oder Hündin spielt keine Rolle. Es ist offensichtlich, daß der Rüde, bedingt durch seinen kräftigeren Körperbau, imponierender wirkt als die Hündin, ihr aber punkto Anhänglichkeit und Sensibilität in keiner Weise nachsteht. Hündinnen werden in der Regel zweimal pro Jahr läufig. Eine Hitze dauert drei Wochen. Die Hündin scheidet aber schon einige Zeit davor und danach Gerüche aus, die beim Rüden den Fortpflanzungstrieb auslösen und sein Verhalten beeinflussen können.

Der Hundekauf

Jeder Flatcoat-Welpe ist im Alter von vier Wochen ein herziges Wollknäuel, das unweigerlich die sentimentale Seite des Interessenten berührt und möglicherweise einen Entscheid auslöst, der oft bitter bereut wird. Es ist empfehlenswert, sich viel Zeit zu nehmen und verschiedene Zuchtstätten anzuschauen. Dieser Schritt ist enorm wichtig, denn erst im Gespräch mit dem Züchter und im Kontakt mit seinen Tieren gewinnt man den ersten hautnahen Eindruck seiner Wunschrasse. Züchteradressen findet man im offiziellen Organ des Landesverbandes oder beim Spezialclub. In der Schweiz bei der SKG und beim RCS (Retrieverclub Schweiz), in Deutschland beim VDH und beim DRC (Deutscher Retriever Club) und in Österreich beim ÖKV und beim ÖRC (Österreichischer Retriever Club).

Der Besuch einer Hundeausstellung ist eine gute Gelegenheit, viele Züchter und ihre Hunde kennenzulernen.

Auswahl des Züchters

Der Züchter ist Mitglied des Spezialclubs und ist dem Landesverband angeschlossen. Sein Zwingername ist geschützt und seine Welpen werden in das Stammbuch eingetragen und erhalten einen offiziellen Stammbaum. Dies allein macht aber nicht den guten Züchter aus. Sein Ziel ist, die guten Eigenschaften des Flatcoats zu erhalten und er wird die zukünftigen Besitzer seiner Welpen entsprechend informieren. Ein guter Züchter wird sich Zeit nehmen, alle Fragen zu beantworten. Er zeigt bereitwillig die notwendigen Zuchtdokumente wie Ahnentafeln, Körscheine, Hüftgelenksatteste und Zeugnisse über Augenkontrollen. Er erklärt die rassespezifisch wichtigen Punkte, auch die negativen, die bei der Zucht eine wichtige Rolle spielen. Er wird dem Interessenten auch bereitwillig zeigen, wie und wo seine Welpen artgerecht aufgezogen und gefördert werden. Hier ist zu beachten, daß Welpen, in deren Umfeld viel menschlicher Betrieb ist, besser für das Leben vorbereitet sind als solche, die in einem abgelegenen Zwinger ohne viel menschliche Kontakte aufwachsen.

Der »Nimm-mich-mit-Blick«
Photo: Y. Jaussi

chem Zweck er seinen Hund kauft. Wird er ein Familienhund ohne besondere Aufgaben, wird er ein Jagdbegleiter, ein Sport- und Diensthund oder ein Zucht- und Ausstellungshund? Solche Abklärungen erleichtern die Auswahl des Welpen.

Die Auswahl des Welpen

Nachdem man seinen Züchter gefunden hat und ein Wurf gesunder Welpen vorhanden ist, geht es an die Auswahl des Welpen. Dabei entsteht beim ersten Besuch des Wurfes sehr oft die »Liebe auf den ersten Blick«. Ihr wird oft viel zu viel Bedeutung beigemessen, denn jeder Welpe hat seine Tagesform, seine Stundenform. Es ist daher durchaus möglich, daß der frechste, lustigste Welpe, eben die »Liebe auf den ersten Blick«, sich beim nächsten Besuch apathisch und faul zeigt. Jetzt ist es wichtig, daß der Züchter beratend einwirken kann, denn nur er kennt jeden Welpen mit seinem individuellen Verhalten. Spätestens jetzt wird bestätigt, ob die richtige Zuchtstätte gewählt wurde, denn nur der aufmerksame Züchter ist in der Lage, über die Anlagen jedes einzelnen Welpen Auskunft zu geben, denn er verbringt doch sehr viel Zeit mit ihnen. Daher ist es oft besser, zusammen mit dem Züchter seinen Welpen auszusuchen, denn er kennt ja aus Vorgesprächen mit dem Käufer dessen Verhältnisse und Absichten. Während der Auswahlphase und auch nach der Entscheidung ist es empfehlenswert, den Wurf öfters zu besuchen. Herr(in) und Hund kennen sich dann schon ein wenig, wenn der große Augenblick des Abholens gekommen ist.

Der zukünftige Besitzer kann sich ein objektives Bild über den allgemeinen Zustand der Zuchttiere machen. Er bekommt Einblick ins Zuchtprogramm und wird über die Zeitabstände der Würfe der einzelnen Hündinnen orientiert. Wenn er Glück hat, sind auch die ehemaligen Zuchthündinnen zugegen, deren Zustand sehr aussagekräftig sein kann, und er wird von der »Liebe zur Kreatur«, die den guten Züchter auszeichnet, etwas zu spüren bekommen. Vor der endgültigen Entscheidung ist zu bedenken, daß man die nächsten zehn und mehr Jahre mit diesem Züchter Kontakt haben wird. Nur wenn das gegenseitige Vertrauen da ist, soll der Kauf eines Welpen ernsthaft erwogen werden.

Es ist wichtig, daß der Züchter vom zukünftigen Flatcoatbesitzer informiert wird, zu welchem

Teil IV

Vom Welpen bis zum alten Hund

Der Welpe

Ein Flatcoat-Welpe ist bei der Geburt 300 – 500 g schwer. Während der ersten zwei Wochen brauchen die Welpen Ruhe, viel Schlaf und Nestwärme. Sie werden von ihrer Mutter ernährt und gepflegt. Die Ausscheidung von Harn und Kot funktioniert nicht selbständig und muß von der Mutter durch Schlekken animiert werden. Die Augen sind noch verschlossen. Die Welpen können noch nicht gehen, sondern bewegen sich robbenartig vorwärts. Sie werden aber mit jedem Tag kräftiger, und bald zeigen sich Ansätze eines noch unsicheren Ganges. Nach ungefähr zwei Wochen öffnen sich die Augen und die nähere Umgebung wird wahrgenommen.

Für den Züchter ist dieser Moment, wo die Welpen mit ihm Kontakt aufnehmen, einer der beglückendsten im Züchteralltag. Nun wird es spannend in der Wurfkiste. Mit der dritten Lebenswoche brechen die spitzen Milchzähne durch. Für den Züchter ist die Zeit der Zufütterung gekommen. Mit vier Wochen sind die Welpen schon sehr aktiv. Die Wurfkiste wird zu klein. Spielen, schlafen und bei der Mutter trinken lösen sich in rascher Folge ab. Mit sechs Wochen sind die Welpen an das Fremdfutter gewöhnt. Sie bewegen sich jetzt im Auslauf und bekommen vier Mahlzeiten. Ausruhen, schlafen, spielen und kämpfen, wodurch unter anderem auch die Beißhemmung entwickelt wird, bestimmen den Tagesablauf. Die bis anhin pflegende Mutterhündin wird nun zur Erzieherin. Damit leistet sie einen wesentlichen Beitrag zur Sozialisierung der Welpen. Der Züchter seinerseits unterstützt die Hündin, sorgt für viel Abwechslung und Besuch im Welpengehege und konfrontiert die Welpen mit Alltagsbegebenheiten. In der achten Woche werden die Welpen zum ersten Mal geimpft. Zwischen der zehnten und der zwölften Woche verläßt der Welpe, der inzwischen ein Gewicht von etwa zehn Kilogramm erreicht hat, seine Wurfgeschwister und wächst bei seinem neuen Besitzer langsam zum jungen Hund.

Allerlei Wissenswertes, bevor ein Welpe ins Haus kommt

Normalerweise kommt ein Welpe im Alter von zehn – zwölf Wochen ins Haus. Bis zu diesem Zeitpunkt war er Tag und Nacht mit seinen Wurfgeschwistern zusammen. Er fühlte sich geborgen und hatte jederzeit Kontakt mit Art-

Vom Welpen bis zum alten Hund
Photos: Jaussi & Joller

genossen. Nun wird er aus der gewohnten Umgebung recht abrupt herausgenommen. Er wird sich sehr alleine vorkommen und braucht nun von seiner Ersatzmeute, den Menschen, Zuwendung und Geborgenheit. In diesem Alter ist er sehr neugierig und lernbereit. Dies kann der Hundebesitzer für sich nutzen, indem er Konsequenz, Zuneigung und viel Zeit als Schlüssel zum Erfolg einsetzt.

Faktor Zeit

Für die ersten drei Wochen mit dem neuen Hausgenossen ist es ratsam, keine wichtigen Termine zu vereinbaren, da der Tagesablauf mehr oder weniger durch den Welpen bestimmt sein wird.

Rollenverteilung innerhalb der Familie

Um dem Welpen das Einleben in die neue Umgebung zu erleichtern, ist es wichtig, daß die ganze Familie am gleichen Strick zieht und die Rollen verteilt sind, bevor der Welpe beim Züchter abgeholt wird.

Haftpflichtversicherung

Diese sollte mögliche Schäden für eine Million Franken decken.

Halsband und Leine

Das erste Halsband hat eine Länge von 45 bis 50 cm. Lederleinen sind praktische Kauobjekte. Für die ersten Wochen gibt es leichte Kettenleinen mit einem Ledergriff oder Leinen aus Kunststoff.

Impfungen

Frühestens mit acht Wochen wurde der Welpe als erstes gegen Staupe, Hepatitis und Leptospirose (SHL) geimpft. Die zweite SHL-Impfung erfolgte zwei bis vier Wochen später. Diese Impfung muß jährlich wiederholt werden. Parvovirose kann ab der sechzehnten Lebenswoche geimpft und muß jährlich wiederholt werden. Gegen Tollwut wird nicht vor dem fünften Lebensmonat geimpft; diese Impfung wird alle zwei Jahre wiederholt. Bei Reisen ins Ausland darf die letzte Tollwutimpfung nicht älter als ein Jahr sein.

Entwurmen

Normalerweise wird ein Welpe beim Züchter bis zur ersten Impfung regelmäßig entwurmt. In der Regel wird vor jeder Impfung entwurmt, da der Impfschutz bei einem mit Parasiten befallenen Hund recht schlecht sein kann. Eine Kotuntersuchung kann – sofern das Resultat negativ ist – eine den Hund unnötig belastende Wurmkur überflüssig machen.

Stubenreinheit, Versäubern

Man kann zur Regel nehmen, daß ein Welpe nach dem Füttern, während und nach dem Spielen und nach dem Aufwachen Harn (und) Kot absetzen muß. Er bekommt noch drei bis vier Mahlzeiten, entsprechend wird er so oft Kot absetzen. In den ersten Tagen empfiehlt es sich, den Welpen, wenn er wach und aktiv ist, alle dreißig Minuten durch immer dieselbe Tür auf seinen Versäuberungsplatz zu tragen und dort so lange zu warten, bis der gewünschte Erfolg da ist. Während des ganzen Ablaufes des wichtigen Geschäftes lobt man den Welpen immer mit den gleichen Worten. Sehr schnell wird er das Hörzeichen mit seiner Handlung verknüpfen. Wenn man den Welpen gut beobachtet, merkt man bald einmal seinen Versäuberungsrhythmus, und man kann die Abstände zwischen den Versäuberungsversuchen vergrößern. Wenn trotz aller Vorsicht ein Mißgeschick passiert, trägt man den Welpen sofort auf den Versäuberungsplatz, obwohl er sein Geschäft schon verrichtet hat. Die Folgen des »Unglücks« beseitigt man, ohne den Hund auszuschelten. Die veraltete Methode, seine Schnauze in den Kot oder Urin zu stecken, ist brutal und kontraproduktiv. Eine gute Hilfe in den ersten Tagen ist ein Wecker; durch die Tagesroutine vergißt man oft, daß wieder ein Geschäft fällig ist.

Treppenlaufen

Der Flatcoat hat einen starken Knochenbau. Treppensteigen ist für ihn grundsätzlich gut und stärkt die Rückenmuskulatur. Treppen, steile Abhänge und ähnliches hinunter springen ist für den Welpen tabu. Sein Skelett ist noch viel zu weich für solche Strapazen. Der Hund bewältigt den Wachstumsprozeß, für den der Mensch achtzehn Jahre zur Verfügung hat, in knapp ein bis zwei Jahren. Während der Zeit des intensiven Wachstums sind Treppen am besten durch Absperrvorrichtungen zu verschließen, und der Welpe wird getragen. Wenn er zu schwer wird, führt man ihn an der Leine hinunter.

Spaziergänge

Mit dem Welpen macht man mehrere kurze Spaziergänge über den Tag verteilt und nimmt Rücksicht auf seine noch weichen Knochen.

Spielen mit andern Hunden

Um das Sozialverhalten weiter zu entwickeln, braucht jeder Hund Kontakte mit Artgenossen und soll spielen dürfen. Man berücksichtigt dabei das Größenverhältnis zum jeweiligen Spielpartner und unterbricht das Spiel nach einigen Minuten, gibt aber dem Welpen öfters dazu Gelegenheit.

Ruhe

Ein zehn Wochen alter Welpe braucht noch fünfzehn oder mehr Stunden Schlaf. Diese Ruhepausen sind von der ganzen Familie zu respektieren. Sie sind wichtig für eine gesunde Entwicklung.

Schlafplatz

Als Meutetier will der Flatcoat in der Nähe seiner Ersatzmeute sein. Sein Ruheplatz soll ruhig und zugfrei gelegen sein, aber so plaziert, daß er das Familiengeschehen überblikken kann. Sehr oft sucht sich der Hund seinen Platz selber aus. Weidekörbe werden in der Regel nicht alt, da in diesem Alter alles benagt wird. Es empfiehlt sich damit zu warten, bis zumindest der Zahnwechsel vorbei ist. Für die erste Zeit eignet sich eine der Größe des Welpen entsprechende Kartonschachtel oder Holzkiste.

Fütterung

Trinkwasser muß mindestens während des Tages bereitstehen. Als Behälter hat sich ein solides Steingutgefäß bewährt, da es nicht bei der minimsten Berührung umkippt und schlecht herumgetragen werden kann. Plastikgeschirr wird sehr oft angefressen und könnte gesundheitsschädigend sein. Ein pflegeleichter Freßnapf ist aus Chromstahl. Die Mahlzeiten sollen nach Möglichkeit stets zur gleichen Zeit verabreicht werden. Der Hund braucht einen geregelten Tagesablauf; dem Halter erleichtert es die Erziehung, besonders in bezug auf Stubenreinheit. Normalerweise gibt der Züchter bei der Abgabe des Welpen einen Futterplan mit, der zu befolgen ist, trotz gutgemeinter Ratschläge anderer Hundebesitzer, die alle überzeugt sind, daß nur »ihr Futter« gut ist. Beim Futtervorrat ist zu beachten, daß Getreideflocken nicht länger als drei Monate zu lagern sind.

Bringtrieb

Ursprünglich wurde der Retriever unter anderem wegen seinem Bringtrieb rein gezüchtet. Jeder Flatcoat hat diesen Trieb mehr oder weniger ausgeprägt und wird alles, von Kinderspielsachen bis zu Schuhen und Kleidungsstücken, aber auch Unappetitliches aufnehmen und bringen. Strafen wäre grundfalsch, denn er führt ja nur eine Triebhandlung durch, die grundsätzlich gefördert sein will.

Wasserfreude

Wasser in jeder Form übt eine unwiderstehliche Anziehungskraft aus. Kein Brunnen, keine Pfütze, kein Bach, kein See ist vor dem Flatcoat sicher. Schwimmen ist für ihn etwas vom Schönsten – auch im Winter. Grundsätzlich ist ein Bad, auch bei eisiger Kälte, unschädlich, denn der Flatcoat hat ein wasserabstoßendes Fell und viel Unterwolle. Wichtig ist nur, daß er genügend Gelegenheit hat, sich zu trocknen und sich zu bewegen, um sich warm zu halten. Einen nassen Hund in Zugwind oder Kälte angebunden zu lassen, kann für ihn fatale Folgen haben.

Abholen beim Züchter

Bevor man die Fahrt antritt ist es ratsam, nochmals zu überprüfen, ob wirklich alle Vorbereitungen für den neuen Hausgenossen getroffen wurden. Um sich und dem Welpen eine angenehme Heimfahrt zu ermöglichen, nimmt man am besten eine Begleitperson mit, die den Welpen auf dem Rücksitz betreut und ihm Geborgenheit vermittelt. Der Flatcoat hat normalerweise keine Probleme mit der Übelkeit. Eine Decke und Frottiertücher sind aber für jeden Fall mitzunehmen. Es ist zu beachten, daß der Welpe kurz vor der Fahrt nicht gefres-

sen hat. Wenn er während der Fahrt ruhig und entspannt bleibt, ist es nicht nötig, diese zu unterbrechen. Sollte er aber anfangen, oft zu gähnen oder zu speicheln, empfiehlt es sich, anzuhalten und den kleinen Kerl in einem Wald oder auf einer Wiese fern vom Straßenverkehr, durch Spielen abzulenken und müde zu machen, um dann die Fahrt fortzusetzen. Damit kann einem eventuellen Erbrechen und Schwierigkeiten bei zukünftigen Autofahrten vorgebeugt werden. Ist die erste Autofahrt für den Welpen eine angenehme Erinnerung, wird er auch in Zukunft gerne ins Auto steigen. Mit dieser Fahrt beginnt das Leben mit einer jungen, neugierigen, noch unerfahrenen Kreatur. Nun liegt es am neuen Besitzer, den Tenor für ein gutes, erfülltes, jahrelanges Miteinander anzustimmen.

Der erste Tag

Nach der Ankunft zu Hause bringt man den Welpen zuerst auf seinen vorgesehenen Versäuberungsplatz, bevor man ihn ins Haus nimmt. Je nach Situation läßt man ihn angeleint oder unangeleint so lange schnüffeln, bis er sich ohne Beeinflussung des Besitzers entleert. Während der ganzen Entleerungsphase wird der Welpe mit einschmeichelnder Stimme gelobt. Spätestens hier kommen die Faktoren Zeit und Konsequenz, der Schlüssel zur erfolgreichen Hundeerziehung, zum Zuge. Nun kann der Welpe ins Haus gebracht werden. Dabei ist es wichtig, daß er von den übrigen Familienmitgliedern dosiert empfangen wird. Verwandtenbesuche werden auf die nächste Woche vertröstet. In der Wohnung braucht er viel Zeit, um sich umzusehen und all die neuen Gerüche kennenzulernen, von denen er buchstäblich überfallen wird. Nach einer Weile kann man ihm die erste Mahlzeit am vorgesehenen Freßplatz verabreichen. Unmittelbar nach dem Fressen wird der Welpe wieder ins Freie getragen, damit er sich versäubern kann. Wieder im Haus, wird der Kleine weiter auf Entdeckungsreise gehen oder spielen, um dann gelegentlich einen ihm genehmen Ruheplatz aufzusuchen. Nach dem Aufwachen wird er sich wieder versäubern müssen. Ein Wecker hilft, sich daran zu erinnern. Die Türen jener Räume, zu welchen der Welpe keinen Zutritt hat, sind geschlossen.

Die ersten Nächte

Die sanfteste Methode, dem Welpen nachts die nötige Geborgenheit zu vermitteln, die er bis anhin durch seine Geschwister hatte, ist sicher die, das Lager des Welpen neben dem Bett zu installieren, oder ein Bett neben dem Lager des Welpen aufzustellen. Wenn der Welpe unruhig wird, genügen oft einige Streicheleinheiten, um ihn zu beruhigen. So merkt man auch rasch, ob sich der Welpe entleeren muß und kann ihn schnell ins Freie tragen. In der kalten Jahreszeit zieht sich der Besitzer genügend warm an, um dem Kleinen genügend Zeit zu lassen, sich zu versäubern – so trägt er Wesentliches zum schnelleren Erreichen der Stubenreinheit bei. Die allgemeinen Befürchtungen, so hätte man ein Hundeleben lang seinen Flatcoat im Schlafzimmer, können Tausende von Hundebesitzern, die diese Me-

thode auch anwandten, entkräften. Der Welpe lernt auf diese Weise, allein in seinem Bett zu schlafen, hat aber die Gewißheit, nicht allein zu sein. Er begreift schnell; und nach einigen Nächten kann man das Hundelager meterweise vom Bett entfernen, bis es schließlich am definitiven Schlafort landet. Die »Willenbrecher-Methoden«, den Welpen irgendwo allein zu lassen, sind erfreulicherweise überholt – wer es trotzdem versucht, wird früher oder später vor dem Heulkonzert oder benagten Gegenständen kapitulieren. Daß er dabei auch einen Minuspunkt in Sachen Hundeerziehung einkassierte, merkt er möglicherweise erst viel später. Der Welpe hingegen hat sofort kapiert.

Die ersten drei Wochen

Nach ein paar Tagen Eingewöhnungszeit darf die beim Einzug des Welpen angewandte Haus- und Gartenquarantäne aufgelockert, die ersten Spaziergänge können unternommen werden. Mit dem Halsband und den ersten Gehversuchen an der Leine hat man schon in der Wohnung angefangen. Man beginnt mit kleinen Quartierrunden von wenigen hundert Metern zwei-, dreimal über den Tag verteilt. Gewaltmärsche sind wegen der noch zu weichen Knochen und der schnellen Ermüdbarkeit tabu.

Der Welpe lernt bei dieser Gelegenheit auch Artgenossen kennen, damit er sein im Wurf angelerntes Sozialverhalten weiter entwickeln kann. Er muß mit anderen Hunden spielen können, doch ist es ratsam, das Spiel gelegentlich abzubrechen. Wie beim Spaziergang gilt: öfter, aber kurz ist weit besser als selten, dafür lang.

Mit der Wohnung ist er inzwischen vertraut geworden und ist täglich für neue Taten bereit. Aus dem Welpen entwickelt sich langsam ein junger Hund. Seine Neugierde ist grenzenlos. Da er keine Hände zum Anfassen hat, benutzt er seinen mit spitzen, perforierzangenähnlichen Zähnen ausgestatteten Fang. Stuhlbeine, Teppichfransen und elektrische Kabel sind bevorzugte Kauobjekte. Sobald sich der Welpe an solchen Sachen zu schaffen macht, greift man mit einem deutlich gesprochenen »Nein« ein und offeriert ein hundegerechtes Spielzeug oder einen Büffellederknochen. Wichtig ist, daß man sofort, während der Hund handelt, eingreift. Sekunden oder gar Minuten später erfolgte Maß-

regelungen begreift der Hund nicht mehr, da er nicht begrifflich denken kann und daher die Strafe – das scharfe »Nein« wird für ihn zur Strafe – nicht mehr mit dem verknüpft, was vorher passiert ist.

Der Junghund

Zwischen dem vierten und achten Lebensmonat ist der Flatcoat in der Phase des intensivsten Wachstums. Der Volksmund sagt zu recht: »Er wächst wie ein junger Hund.« Seine Neugierde, Aufmerksamkeit und seine Lernbereitschaft sind – sofern er bis anhin seinen

Photo: Y. Jaussi
Nichts ist vor den spitzen Welpenzähnen sicher.

Eigenschaften entsprechend gehalten und behandelt wurde, immer noch sehr groß. Der Zeitpunkt für seine sogenannte Grunderziehung ist gekommen, wobei die Erziehung bereits in der ersten Minute begonnen hat. Wie beim Spiel oder Spaziergang darf man nicht vergessen, daß er noch sehr schnell ermüdet. Wegen seiner Begeisterungsfähigkeit und seinem Willen zu gefallen, ist es für den unerfahrenen Besitzer oft schwierig zu erkennen, wann dieser Zustand eintritt. Überforderungen sind zu vermeiden, sie wirken sich in der Regel negativ auf den Flatcoat und damit auf die Beziehung Hund – Mensch aus. Auch bei der Erziehung – und vor allem hier – gilt die Regel, daß kürzere Lektionen, aus wenigen Minuten bestehend, aber über den Tag verteilt, weit mehr bringen als Monsterlektionen, vor allem, wenn diese noch mit Drill verbunden sind. Drill ist ohnehin Ausdruck von Schwäche, indem Widerfahrenes am noch Schwächeren, dem Hund, abreagiert wird. Der Junghund benötigt genügend Erholungspausen.

Je nach Zuchtlinie kennt man beim Flatcoat schnellere und langsamere Entwickler. Die Pubertät kann ab dem sechsten, aber auch erst nach dem zwölften Lebensmonat (Läufigkeit der Hündin) oder noch später eintreten. Es ist ein langwieriger Prozeß, der den Hund sehr belasten kann, den er aber unbedingt zum Erwachsenwerden und zur Festigung seines Wesens durchmachen muß. Dazu braucht die Hündin die ersten zwei bis drei Läufigkeiten. Mit achtzehn bis vierundzwanzig Monaten sind Hündin und Rüde ausgewachsen. An eine Kastration sollte eigentlich nur gedacht werden, wenn zwingende medizini-

sche Gründe vorliegen, und nie aus Bequemlichkeit des Besitzers. Die Belastung durch den Sexualtrieb und die damit verbundenen Erscheinungen sind, sowohl bei der wohlerzogenen Hündin, als auch beim wohlerzogenen Rüden, gering.

Während der Pubertät kann es allerdings vorkommen, daß der doch schon recht gut erzogene Flatcoat plötzlich nicht mehr gehorcht und ein ungewohntes Verhaltensmuster zeigt. Rigoroses Durchgreifen und Kraftakte sind jetzt falsch am Platz. Zuneigung, Verstehen, Geduld, Konsequenz und vor allem Vordenken – ohne Vordenken ist die Konsequenz eine Illusion – bringen weiterhin die gewünschten Erfolge. Die bisherigen Erziehungsversuche sind erfolgt, indem der Hund jeweils in die entsprechende Stimmung versetzt worden ist, um das zu lernen, was man ihn lehren wollte. Durch den pubertären Prozeß ist der Junghund noch mit anderem als den Erziehungsversuchen seines Meisters belastet. Das schon Gelernte ist deswegen keineswegs verloren. Die Sicherheit, die der Hund vor allem während der Pubertät braucht, kann ihm aber nur sein übergeordnetes Meutetier, der Besitzer, vermitteln. Der Besitzer muß aber auch wissen, daß – dies gilt vor allem für Rüden – pubertierende Hunde durchaus in der Lage sind, die Hierarchie seiner Familie zu ändern.

Der erwachsene Hund

Mit ungefähr zwei Jahren ist der Flatcoat ausgewachsen und sein Skelett genügend gefestigt. Er ist physisch und psychisch voll belastbar. Diese Zeit heißt es zu nutzen und zu genießen, denn schon nach sieben, acht Jahren hat er den Zenit seines Daseins überschritten.

Der alte Hund

Nach zehn Jahren ist jeder Tag im Leben eines Flatcoats ein Geschenk. In diesem Alter ist es normal, daß Sehkraft und das Gehör nachlassen. Oft hat der alte Hund Mühe beim Aufstehen; die Wirbelsäule und der Bewegungsapparat zeigen Abnutzungserscheinungen. Der alte Hund bewegt sich langsamer und ist nicht mehr so unternehmungsfreudig und wird vielleicht eigenwillig. Er ist mehr und mehr auf das Verständnis des Menschen angewiesen. Wenn die Altersbeschwerden schlimmer werden, liegt es am Besitzer, seinem treuen Begleiter große Schmerzen zu ersparen. Er soll seinen Hund den letzten Weg in Würde gehen lassen und begleitet ihn zum Tierarzt. Der Mensch schuldet dem Hund diesen Dienst und soll nicht aus purem Egoismus Lebensverlängerungsmaßnahmen ergreifen, die einen qualvollen Leidensweg nur verlängern.

Teil V

Ernährung, Pflege, Krankheiten

Ein gesunder Flatcoat hat ein glänzendes Fell, einen klaren Blick, ist aufmerksam und lebhaft, aber nicht nervös. Das beste Rezept für einen gesunden Hund ist:

Genügend Bewegung und Beschäftigung, die Betreuung durch einen ausgeglichenen Besitzer und eine artgerechte Ernährung.

Ernährung

Beim normal, richtig ernährten Flatcoat sollen die Rippen nicht hervortreten, aber auch nicht von einer Fettschicht überlagert sein. Die Einbuchtung in der Lendengegend ist gut sichtbar. Ein gesunder Flatcoat ist lebhaft, sein Fell glänzt und in der Bewegung ist das Muskelspiel gut zu sehen. Der Kotabsatz darf dem Hund keine Mühe bereiten. Zu harter oder zu dünner Kot können auf einer Fehlernährung basieren. Beim Hund geht die Liebe auch durch den Magen; Fressen gehört zu seinen liebsten Beschäftigungen. Zudem ist er ein guter Futterverwerter. Die Freßportionen müssen seinem Alter, seiner Leistung jeglicher Art und seiner Neigung zur Fettleibigkeit angepaßt werden und sind somit von Hund zu Hund recht verschieden. Ein gesunder, leistungsfähiger Hund ist dann richtig ernährt, wenn sein Gewicht konstant bleibt.

Die Bestandteile der Hundenahrung sind:

- verdauliche Kohlehydrate = Getreide, Kartoffeln, Teigwaren;
- unverdauliche Kohlehydrate = Cellulose (Ballaststoffe);
- Eiweiße = Fleisch, Milch, Soja;
- Fette und Öle = Butter, tierisches Fett, pflanzliche Fette und Öle;
- Mineralstoffe = Kalzium, Phosphor, Natrium, Magnesium, Kalium;
- Spurenelemente = Kupfer, Eisen, Jod;
- Vitamine = in Gemüse und Früchten.

Der Hund wird nach Möglichkeit immer zur gleichen Zeit gefüttert. Eine angemessene Verdauungspause ist angebracht.

Trinkwasser steht mindestens während des Tages bereit.

Süßigkeiten, Zwischenmahlzeiten und kleine Häppchen vom Familientisch sind tabu.

Jeder Hund gewöhnt sich rasch an die Fütterungszeiten. Wenn diese Zeiten eingehalten werden, wird sein Appetit gezügelt, und es wird viel einfacher, ihn nicht zu überfüttern.

Für die Ernährung des Welpen und Junghundes hält man sich mit Vorteil an den Futterplan des Züchters. In der Regel bekommt der junge Flatcoat drei bis vier Mahlzeiten, die nach Möglichkeit zu den gleichen Zeiten verabreicht werden. Wenn er seinen größeren Wachstumsschub hinter sich hat, d.h. nach acht bis neun Monaten, genügen zwei Mahlzeiten, die mit Vorteil morgens und abends verabreicht werden. Der Hund fühlt sich mit einem überfüllten Magen nicht wohl. Daher wird der Hund erst nach dem Spaziergang oder einer sportlichen Leistung gefüttert. Magendrehungen entstehen nur bei übervollem Magen, oder wenn der Hund nach der Futteraufnahme nicht in Ruhe verdauen kann, oder wenn verdorbenes oder gärendes Futter verabreicht wird. Bei Fütterungsversuchen zeigte sich, daß Hunde, denen man Futter zur freien Verfügung vorstellte, ihre Futteraufnahme auf über zwanzig Mahlzeiten aufteilten.

Die heutige Futtermittelindustrie bietet eine Vielfalt von hochwertigen Produkten an:

Das Fertigfutter (Vollfutter) enthält alles Lebensnotwendige und soll nicht durch Fleisch und andere Zusätze angereichert werden.

Beim Einzelfutter, das aus Getreideflocken, Reis, Teigwaren, Fleisch, Fisch, Milch, Honig, Eiern, Gemüse und Früchten bestehen kann und individuell und ausgewogen vom Besitzer zusammengestellt wird, ist der tägliche Bedarf des Hundes gedeckt; es besteht auch bei dieser Art von Fütterung kein Grund, Vitamine und andere Zusätze beizufügen.

Grundsätzlich ist jede Art von Fütterung gut, solange es dem Hund schmeckt, er ein glänzendes Haarkleid trägt und bewegungsfreudig, aber nicht fettleibig ist.

In der heutigen Zeit gehören Mangelerscheinungen zu den Seltenheiten. Überernährungen kommen oft vor und sind in qualitativer und quantitativer Hinsicht Ursache von Fehlentwicklungen. Beispielsweise kann sich eine übermäßige Fütterung von Fleisch nachteilig auf die Entwicklung der Knochen – vor allem der Röhrenknochen – auswirken, wenn nicht der mit dem Fleisch aufgenommene zu hohe Phosphorwert durch Kalziumgaben kompensiert wird. Meint man es aber zu gut und gibt neben dem Kalzium noch Vitamin D, kann es zu fehlerhaften Verkalkungen, nicht nur am Skelett, sondern z.B. auch in den Gefäßwänden kommen. Vitamin D ist meistens überflüssig, denn ein normal gehaltener Hund, der genügend Tageslicht bekommt, ist durchaus in der Lage, selbst Vitamin D für seinen Bedarf zu produzieren.

Pflege

Haarkleid

Das lange, seidige Fell des Flatcoats braucht eine regelmäßige Pflege, indem es gekämmt, gebürstet und getrimmt wird. Das ist für das Wohlbefinden des Hundes wichtig. Auch das ästhetische Empfinden des Menschen soll berücksichtigt werden: ein zurechtgemachter, gut gepflegter Flatcoat ist eine Augenweide. Ein verfilzter, ungepflegter Flatcoat ist zu bedauern und seinem Besitzer kann in Sachen Hundehaltung kein gutes Zeugnis ausgestellt werden.

Für die Fellpflege benötigt man einen feingezahnten Metallkamm, eine Bürste und eine Schere. Das tönt auf Anhieb für den Laien recht aufwendig und kompliziert, ist es aber nicht, wenn man sich beraten und sukzessive in die Pflege des Flatcoats einführen läßt. Dies kann einem nur der geübte und erfahrene Züchter vermitteln, denn er kennt die Rasse, hat viel Erfahrung und gibt sein Wissen gerne weiter. Er wird auch den Zeitpunkt bestimmen, wann und an welcher Stelle erstmals ge-

vorher

nachher

vorher

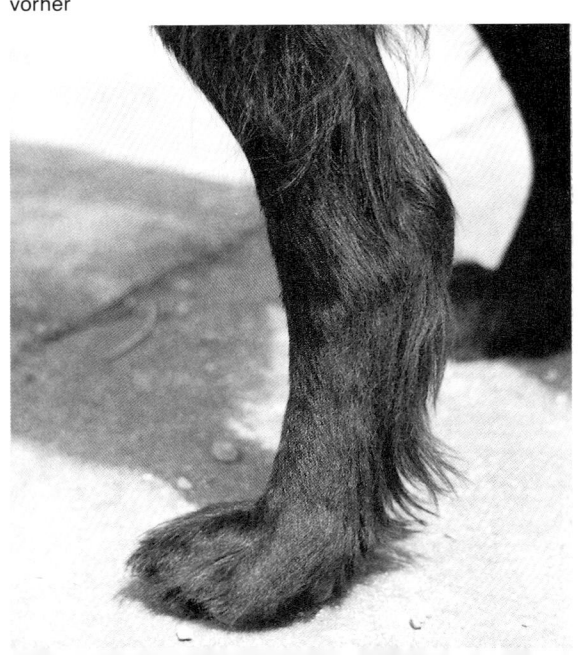

nachher

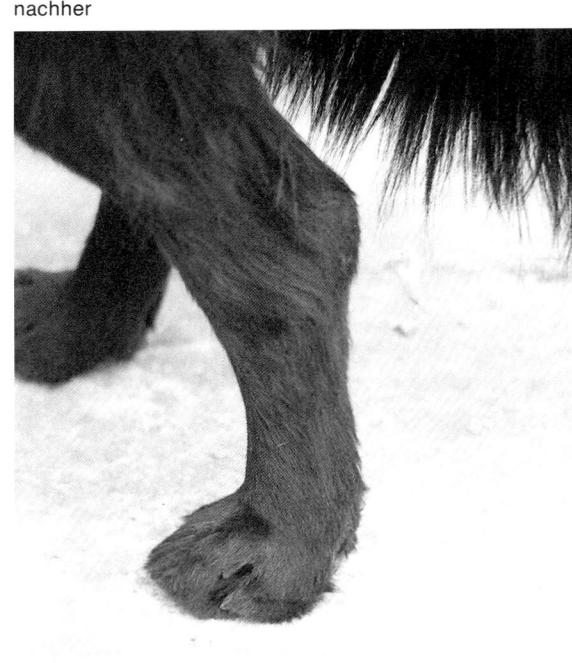

trimmt wird. Vielfach wird von unkundiger Seite schon am Welpenhaar manipuliert; eine meist nicht wiedergutzumachende Sünde, denn das endgültige Haarkleid könnte für immer ruiniert werden. Auch hier gilt, wie bei der Ernährungsfrage, sich nicht durch die wohlgemeinten Ratschläge der anderen Hundebesitzer verunsichern zu lassen. Man tut gut daran, sich an den erfahrenen Züchter oder Spezialisten zu halten.

In der Regel wird das Haarkleid des Flatcoats zweimal pro Woche gründlich gepflegt; während des Haarwechsels entsprechend mehr. Es ist wichtig, daß alle Haarknötchen mit Hilfe des Kammes gelöst werden, damit das Haar nicht verfilzt. Es sammeln sich sonst Schmutzpartikel an, welche mit der Zeit ideale Bedingungen für Parasiten und Hautprobleme schaffen. Ganz zu schweigen vom Geruch, der sich mit der Zeit bilden wird. Es muß berücksichtigt werden, daß der Flatcoat ein aktiver, bewegungsfreudiger Hund ist, der sich, bedingt durch seine jagdlichen Anlagen, in jeder Art von Gelände, durch dick und dünn bewegt und auch nicht halt vor Pfützen, Morast und Ähnlichem macht. Er wird ja auch bei Regenwetter ins Freie geführt und dabei keine Badegelegenheit auslassen.

Der Flatcoat mit seinem wasser- und schmutzabstoßenden Haar ist ein pflegeleichter Hund, sofern sein Fell regelmäßig zurechtgemacht wird. Meistens genügt auch nach einem Spaziergang bei nassem Wetter das Abreiben mit einem Frottiertuch. Sobald das Fell trocknet, fällt der Schmutz heraus. Jedes Schamponieren entzieht dem Fell den Talg und somit den natürlichen Schutz gegen Nässe und Kälte. Das Fell braucht dann einige Zeit, um sich zu regenerieren. Natürlich wälzt sich der Flatcoat, wie jeder andere Hund auch, in »stinkenden Sachen«. Eine normale Dusche sollte genügen; noch besser, und für den Hund eine willkommene Gelegenheit, ist ein Bad in einem sauberen Bach – für den Besitzer die bequemste Art der Hundereinigung. In hartnäckigen Fällen ist eine örtliche Reinigung der stinkenden Stelle mit einem unschädlichen Seifenprodukt angebracht.

Mit dem Trimmen beginnt man, wie gesagt, nicht zu früh – es ist erst mit dem Erwachsenwerden nötig.

Es sei nochmals ausdrücklich erwähnt, daß der Anfänger gut daran tut, sich von Fachleuten in die Fellpflege einführen zu lassen.

Die nebenstehenden Bilder geben einen kleinen Einblick auf die wichtigsten Punkte, die bei der Fellpflege zu beachten sind.

Krallen
Wenn der Flatcoat genügend Bewegung auf weichen (Gras) und harten Unterlagen (Wald- und Feldwege und Asphalt) hat, nutzen sich seine Krallen genügend ab.

Ohren
Die Behänge des Flatcoats liegen dicht am Kopf an. Es ist zur Belüftung des Ohres wichtig, daß überflüssiges Haar von Zeit zu Zeit sachkundig entfernt wird. Das äußere Ohr kann hie und da mit einem feuchten Wattebausch ausgerieben werden. Die Reinigung des Gehörganges mit Stäbchen ist unbedingt zu unterlassen, da sie zu folgenschweren Verletzungen führen kann. Kratzt sich der Hund oft an den Ohren oder schüttelt er immer wieder den Kopf, konsultiert man den Tierarzt.

Augen

Der junge Flatcoat hat unter Umständen, je nach Zuchtlinie, etwas lose Augenlider. Die Lidbindehaut, die oft gerötet ist, wird sichtbar. Dies ist aber kein krankhafter Zustand, wie oft fälschlicherweise angenommen und mit einem Ektropium verwechselt wird. Die losen Augenlider entstehen durch die in diesem Alter zu viele Haut und normalisieren sich mit dem Erwachsenwerden. Es ist möglich, daß sich während diesen zwei bis drei Monaten Schmutzpartikel im Auge ansammeln; Reinigen mit einem in Kamillentee getränkten Wattebausch hilft.

Zähne

Wenn der Hund regelmäßig z.B. ein Stück hartes Brot zum Kauen bekommt und Knochen nagen kann, werden die Zähne im allgemeinen genügend gereinigt.

Krankheiten

Der Flatcoat kann fast an allen bei Hunden vorkommenden Krankheiten leiden. Ich möchte in diesem Kapitel nur kurz auf solche Krankheiten beziehungsweise Krankheitssymptome eingehen, mit denen der Hundebesitzer öfters konfrontiert sein kann, und auf solche, die auch vom züchterischen Standpunkt von Bedeutung sein können. Für mehr und ausführlichere Informationen verweise ich auf die Fachliteratur und den Tierarzt.

Die ersten Anzeichen einer Krankheit zu erkennen, ist eine Frage der guten Beobachtung. Wer sich jeden Tag intensiv mit seinem Hund beschäftigt, nimmt sehr schnell Veränderungen wahr, die auf eine Krankheit schließen lassen. Die Diagnose und Behandlung ist dann oft eine Angelegenheit des Tierarztes.

Fieber. Ein immer ernst zu nehmendes Symptom ist Fieber. Die Körpertemperatur eines gesunden Hundes liegt zwischen 37,5° und 38,5°. Um die Körpertemperatur seines Flatcoats zu kennen, bleibt nichts anderes übrig, als sie zu messen. Dabei gilt zu berücksichtigen, daß die Körpertemperatur abends höher ist als am Morgen, und daß sie beim Welpen und Junghund höher ist als beim erwachsenen Hund. Fieberhafte Zustände können leicht an den warmen Ohren, am trockenen Nasenspiegel und am matten Ausdruck der Augen erkannt werden. Es bleibt nur noch die Höhe zu bestimmen, indem man den Fiebermesser mit Vaseline oder Pflegeöl gleitfähig macht und ihn sorgfältig in den After einführt. Die Ursachen, die zu Fieber führen, sind vielfältig. In jedem Fall ist Fieber aber auch ein Teil einer natürlichen Abwehrreaktion. Es soll und darf nicht einfach versucht werden, es zu senken. Hunde mit hohem Fieber und/oder schweren Störungen des Allgemeinbefindens benötigen die Behandlung durch kompetente Fachleute.

Durchfall und Erbrechen. Durchfall und Erbrechen sind Symptome, die bei schweren Infektionskrankheiten wie Staupe, Parvovirose oder bei Vergiftungen auftreten können. Sie können aber auch Ausdruck nervöser Störungen, harmloser, jedoch auch ernsthafter Natur, oder einfach Folge übermäßiger Nahrungsaufnahme oder Aufnahme von unbekömmlichem Futter jeglicher Art sein. Durchfall mit trocknenden Mitteln wie Kohle beheben zu wollen, ist eine kurzsichtige Maßnahme. Damit wird nur das Symptom und nicht die Ursache bekämpft. Eine erste Maßnahme bei Durchfall und Erbrechen ist, den Hund einen Tag fasten zu lassen. Der Verlust an Flüssigkeit kann mit Kamillen-, Salbei-, Fenchel- oder Schwarztee, mit etwas Honig gesüßt, eventuell löffelweise eingegeben, ausgeglichen werden.

Schwere Fälle erfordern eine tierärztliche Behandlung, wobei die verlorene Flüssigkeit mittels Infusion ersetzt wird. Durchfälle, selbst durch harmlose Ursachen bedingt, können, als Folge des Verlustes von Flüssigkeit und Mineralstoffen, zu schweren Störungen des Allgemeinbefindens führen.

Vermehrtes, übermäßiges Trinken könnte auf eine ernsthafte Erkrankung, z.B. Gebärmutterentzündung oder Nierenerkrankungen, hinweisen, man soll nicht zu lange abwarten; den Tierarzt beiziehen.

Kleine Hautverletzungen behandelt man mit einem Desinfektionsmittel; Kamillentee ist ein idealer, preisgünstiger Helfer.

Größere Verletzungen, beim Spiel mit anderen Hunden oder bei einer Rauferei erworben, können infiziert werden. Eine tierärztliche Behandlung wird unerläßlich. Verletzungen auf dem Kopf, am Hals und am Rücken sind sehr ernst zu nehmen. Wird an diesen Regionen eine Wunde infiziert, kann sich die Infektion leicht in darunterliegende Gewebeschichten ausbreiten.

Insektenstiche können, falls dadurch eine massive allergische Reaktion hervorgerufen wird, unter Umständen fatale Folgen haben. Dies gilt besonders für Stiche in der Mund- und Rachengegend nach erfolgter Jagd auf Bienen oder Wespen; den Tierarzt beiziehen.

Hinken beim jungen Hund
Der junge Flatcoat ist sehr lebhaft und draufgängerisch, spielt viel und sieht keine Grenzen und vor allem keine Gefahren. Beim Spiel mit anderen Hunden geht es oft sehr flegelhaft und grob zu. Hie und da wird der junge Hund auch von seinem Besitzer durch zu lange Spaziergänge überfordert. Viele Junghunde fangen im Alter von vier bis neun Monaten plötzlich zu hinken an.

Meistens sind die Vordergliedmaßen betroffen. Komplettes Ruhigstellen wäre falsch, denn die Muskulatur und die Bänder helfen stützen und gezielte Bewegung ist angebracht. Man macht kleine Spaziergänge an der Leine und streicht vorläufig die Spielstunde mit anderen Hunden. Schmerzhemmende Mittel überdecken nur den Zustand und sollten vermieden werden. Es braucht Zeit und Geduld, bis der krankhafte Prozeß ausheilt.

Warum kann es zum Hinken kommen?
Während der Zeit des intensiven Wachstums – zwischen dem ersten und dem neunten Monat – sind sowohl die knorpeligen, als auch die knöchernen Anteile des Skeletts sehr fragil und somit den enormen mechanischen Belastungen nicht in ausreichendem Maße gewachsen. Dies gilt besonders für die Knochen der Gliedmaßen im Bereiche der Wachs-

tumszonen, d. h. in und um die Epiphysenfuge und in den Gelenksknorpeln. Der Gelenksknorpel und der Knorpel der Epiphysenfuge sind zur Zeit des intensiven Wachstums – und nur zu dieser Zeit – mit Blutgefäßen, welche die Verknöcherung einleiten, durchsetzt. Dadurch ist aber die ohnehin schon geringe Stabilität des wachsenden Knorpels vermindert. Der Knochenschaft rings um die Epiphysenfuge fängt gerade an, sich zu bilden, d. h. er besteht noch vorwiegend aus Bindegewebe. Starke mechanische Belastungen können sowohl im Gelenksknorpel der Epiphysenfugen als auch im gerade neu gebildeten Knochengewebe Schäden verursachen. Schäden im Knochengewebe – in der Regel Mikrofrakturen – heilen spontan. Schäden im Knorpel der Epiphysenfuge leiten zu fehlerhaften Verknöcherungen, die in der Regel durch den Heilungsprozeß problemlos korrigiert werden. Schäden im Gelenksknorpel hingegen können zu bleibenden Arthrosen führen. Auch die Ansatzstellen von Bändern und Sehnen erreichen ihre volle Belastbarkeit erst nach Abschluß der intensivsten Wachstumsphase. Übermäßige Belastung kann zu Zerrungen führen, die, wenn noch die Knochenhaut mit einbezogen wird, sehr schmerzhaft sein können, was mit Hinken quittiert wird.

Die Stabilität des wachsenden Skeletts kann durch unsachgemäße Fütterung dramatisch reduziert und die Knochenentwicklung fehlgeleitet werden.

Hinken kann viele Ursachen haben. Begreiflicherweise wünschen alle Besitzer eine schnelle Heilung und entschließen sich, oder drängen gar, viel zu früh für eine Operation. Operationen sind in vielen Fällen nicht nötig.

Sie belasten das Tier unter Umständen nur unnötig oder können im schlimmsten Falle – vor allem, wenn Gelenke mit einbezogen werden – eine Heilung verhindern.

Hüftgelenksdysplasie (HD)

Der Begriff HD umschreibt krankhafte Veränderungen am Hüftgelenk. Bei der Entstehung spielen Erbfaktoren eine wesentliche Rolle.

Selbst beim heutigen fortgeschrittenen Stand der Wissenschaft sind noch lange nicht alle Zusammenhänge bekannt.

Umwelteinflüsse wie Überforderung des Junghundes oder falsche Ernährung sind neben den genetischen Dispositionen für kranke Hüftgelenke verantwortlich. Anhand von Röntgenbildern ist nur der Phänotyp sichtbar, die genetische Anlage bleibt verborgen. Der Experte beurteilt die Größe des Gelenkspaltes, die Form der Gelenkspfanne und des Oberschenkelkopfes unter Berücksichtigung der rassespezifischen Punkte sowie eventuelle Veränderungen an den Gelenken selbst und am Oberschenkelhals. Je nachdem, wie stark und wie fortgeschritten diese Veränderungen sind, werden sie graduell unterschieden: HD I bedeutet geringgradige, gerade noch erfaßbare Veränderungen, HD IV schwere und fortgeschrittene Veränderungen. Das Alter des Hundes ist dabei immer zu berücksichtigen. Vor dem 12. Lebensmonat kann keine verbindliche Diagnose gestellt werden, weil das Skelett und damit auch die Gelenke noch nicht genügend weit entwickelt sind. Andererseits können geringgradige Veränderungen, die im Alter von 12 Monaten auf dem Röntgenbild gefunden werden, innerhalb von 6 bis 12

Monaten verschwinden. Dabei handelt es sich aber meistens um Veränderungen am Oberschenkelhals. Hinzu kommt, daß nicht alle Veränderungen, die bei der HD vorkommen, auch tatsächlich das Resultat einer HD sind, d. h. erblich bedingt sind. Anhand des Röntgenbildes kann dies aber nicht festgestellt werden.

Aus dem Gesagten geht hervor, daß einer sorgfältigen Beurteilung der Röntgenaufnahmen der Hüftgelenke größte Bedeutung zukommt, aber auch, daß dem Befund bei leichtgradigen Veränderungen mit Kritik und der nötigen Distanz, von der aus nicht nur die Hüftgelenke, sondern eben das ganze Tier beurteilt werden kann, begegnet wird. Die heute übliche Praxis, auch Tiere mit HD I zur Zucht einzusetzen, ist ein sinnvoller Kompromiß, zum einen, weil die Abgrenzung zwischen normalen Hüftgelenken und solchen mit HD I nicht immer einfach ist, und zum anderen, weil eine Paarung von zwei HD-freien Elterntieren nie eine Garantie für HD-freie Nachkommen ist.

Entscheidend für die Auswahl der Zuchttiere sollte letztlich nicht nur die Hüftgelenksdysplasie sein, sondern es sind noch andere Kriterien, wie etwa der Bewegungsablauf, zu beachten. Ein gut gebauter Flatcoat mit HD I, der sich viel und gut bewegt, bedeutet unter Umständen für die Zucht weitaus mehr, als ein HD-freier Hund mit klammem Gang. Paradoxerweise ist HD-Freiheit keineswegs immer mit optimalem Bewegungsablauf gekoppelt. Die Gründe, die zu unharmonischen Bewegungsabläufen führen, können natürlich irgendwo im Bewegungsapparat zu finden sein.

Patella Luxation

Bei der Patella Luxation nimmt man an, daß es sich unter anderem um eine genetische Disposition handelt. Die Patelle Luxation ist eine Verschiebung oder eine Verlagerung der Kniescheibe, die durch einen mechanischen Einfluß ausgelöst wird. Früher nahm man an, daß die Bänder, die die Kniescheibe stützen, lose seien. Diese Annahme wies auf eine genetische Disposition hin. Heute hat man zudem erkannt, daß auch eine Fehlstellung der Hintergliedmaßen und/oder eine unsachgemäße Haltung des Junghundes bei seinem Besitzer (falsche Fütterung und Überforderung des Skeletts in der Wachstumsphase durch zu lange Spaziergänge) eine Patella Luxation auslösen können. In züchterischer Hinsicht ist es schwierig, geeignete Maßnahmen zu ergreifen. Es ist zu empfehlen, daß diesem Problem Beachtung geschenkt wird, vor allzu schnellen Schlüssen aber eine nötige Distanz geboten ist. Sinnvoll ist, befallene Tiere nicht zur Zucht zu verwenden.

Osteochondrosis, Osteochondritis

Eine Osteochondrosis entsteht infolge einer fehlerhaften Entwicklung der Gelenksanteile (Epiphysen) der Röhrenknochen (s. Hinken beim jungen Hund). Störungen in der Entwicklung der Gelenksknorpel können sekundär zu Entzündungen führen – dann spricht man von Osteochondritis – oder es können Knorpelteile in die Gelenkshöhle abgespalten werden – dann spricht man von der Osteochondrosis oder Osteochondrosis dissecans. Grundsätzlich können sich in allen Gelenken solche Entwicklungsstörungen manifestieren. Betroffen sind in der Regel solche, die großen mechanischen Belastungen ausgesetzt sind. Darunter sind in erster Linie Ellenbogengelenk und Schultergelenk zu verstehen. Mit der Osteochondrosis dissecans des Ellenbogengelenkes sind oft noch andere Entwicklungsstörungen (Ablösung von Knochenfortsätzen) gekoppelt. Es wird vermutet, daß diesen Störungen eine genetische Komponente zugrunde liegt. Wichtig ist, sich zu erinnern, daß während des Wachstums auch in den Gelenksknorpeln Blutgefäße sprießen, die unter anderem die mechanische Belastbarkeit massiv reduzieren können. Als Ursachen, die zu einer Osteochondrose führen, werden fehlerhafte Entwicklung der Gefäße, aber auch Überernährung, falsche Ernährung in bezug auf Mineralstoffe und Vitamin D und fehlerhafte Belastung als Folge einer Fehlstellung der Gliedmaßen angesehen.

Epilepsie

ist eine Krankheit, die vererbt (genuine Epilepsie) oder erworben (unechte oder sekundäre Epilepsie) sein kann. Der Erbgang der genuinen Epilepsie ist nicht bekannt. Zu den Ursachen, die zu Krämpfen oder krampfartigen Anfällen (erworbene Epilepsie) führen können, gehören verschiedene Krankheiten, vorgeburtliche Schädigungen, Verletzungen, Vergiftungen, Streß, Schlafstörungen, Stoffwechselstörungen, hormonelle Störungen u. a. In den meisten Fällen handelt es sich um die unechte Form. Es ist daher angebracht, sorgfältige klinische Nachforschungen unter Einbezug der Zuchtlinie zu machen, bevor, wie die Praxis leider zeigt, in leichtfertiger Weise von genuiner Epilepsie gesprochen wird.

Augenkrankheiten

Die Veterinärophthalmologen sind heute in der Lage, erworbene von vererbten Augenkrankheiten zu unterscheiden. Für den Hund ist diese Untersuchung schmerzlos und dauert nur einige Minuten. Bei den Retrievern sind Erkrankungen vom 12. Lebensmonat an feststellbar; das bedeutet, daß eine Krankheit im Idealfall erkannt werden kann, bevor der Hund zur Zucht verwendet wird. Der 1987 von der Verfasserin gegründete und inzwischen von der veterinär-medizinischen Fakultät der Universität Zürich übernommene Augenfonds zur Bekämpfung vererbter Augenkrankheiten beim Hund, offeriert jährlich an ein bis zwei internationalen Hundeausstellungen in der Schweiz Vorsorgeuntersuchungen. In Deutschland und Österreich sind die Spezialclubs in der Lage, Vorsorgeuntersuchungen zu veranlassen.

Progressive Retinaathrophie PRA ist eine langsam fortschreitende Erkrankung der Netzhaut, die mit der Zeit zum vollständigen Erblinden führen kann. Es sind zwei Formen von PRA bekannt, die generalisierte Form, wo der Hund vollständig erblinden kann und die zentrale Form, die nicht immer zur vollständigen Blindheit führen muß. Ein an der zentralen PRA leidender Hund sieht in den frühen Stadien der Krankheit bei Dämmerlicht besser als bei Tageslicht. Das frühzeitige Erkennen ist für die Zucht von Bedeutung. Allerdings kann sich die PRA erst recht spät manifestieren, nachdem eine Hündin schon etliche Welpen geboren oder der Rüde schon Dutzende von Hündinnen gedeckt hat.

Retinadysplasie RD. Retinadysplasie ist eine Fehlentwicklung der Netzhaut, die zusammen mit einer Netzhautablösung auftreten kann. Die Krankheit kann sekundär, als Folge von anderen sich im Auge entwickelnden Krankheiten entstehen, oder als primäre Erbkrankheit vorkommen. In diesem Falle ist sie nach Abschluß der Augenentwicklung bereits vorhanden und ist nicht fortschreitend. Sie kann im Alter von etwa acht Wochen diagnostiziert werden. Die Beeinträchtigung der Sehkraft hängt vom Ausmaß der Veränderung ab. Im günstigsten Fall sind keine wesentlichen Sehstörungen zu erkennen, im schlimmsten Fall ist ein Tier beidseitig blind. Die vererbte Retinadysplasie wurde oft in Zusammenhang mit anderen Störungen am Auge, aber auch am Skelett und Herz-Kreislauf-System beobachtet.

Katarakt. Mit Katarakt (grauer Star) bezeichnet man jede Linsentrübung, die verschiedene Ursachen haben kann. Die bekannteste Form ist der Altersstar, der bei vielen Rassen vorkommt, und der als normale Erscheinung beim alten Hund bezeichnet werden darf.

Katarakt kann sich sekundär bei Zuckerkrankheit oder bei einer Netzhauterkrankung entwickeln, oder als selbständige vererbte Krankheit vorkommen. Die Entwicklung eines Katarakts führt zur Beeinträchtigung der Sehkraft, im schlimmsten Fall zum Erblinden.

Entropium, Ektropium. Entropium bedeutet ein Einrollen, Ektropium ein Ausrollen des Augenlides. Beides sind harmlose, operativ leicht korrigierbare, vererbte Krankheiten. Beim ausgeprägten Entropium als auch beim Ektropium ist eine Operation angezeigt. Wird ein Entropium bei einem jungen, noch wachsenden Hund operativ korrigiert, besteht die Gefahr einer Überkorrektur, so daß ein Ektropium entstehen kann und umgekehrt. Beim jungen Flatcoat ist sehr oft ein leichtgradiges Ek- oder Entropium vorhanden, welches besser als loses Augenlid bezeichnet wird. Welpen und Junghunde haben fast immer zu viel Haut.

Sobald der Kopf sein endgültiges Volumen erreicht hat, liegt in der Regel auch die Haut straffer am Schädel, und das Ek- oder Entropium ist verschwunden.

Teil VI

Erziehung

Bei der Hundeerziehung ist es in erster Linie der Besitzer (oder Hundeführer), der geschult werden muß, die Anlagen des Hundes und dessen Lernbereitschaft so zu nutzen, daß der Hund, vom menschlichen Standpunkt aus gesehen, gehorcht. Der Mensch muß dem Hund, wenn er ihm etwas beibringen will, in geschickter Weise zu verstehen geben, was er tun darf und soll, und was nicht. Dabei muß er zuvor überlegen, wie er vorgehen will. Nur dann ist eine konzentrierte Ausführung durch den Hund möglich. Dazu muß er wissen, daß der Hund die menschliche Sprache nicht versteht, aber durch Verknüpfen des Hörzeichens mit seiner Handlung werden einige Wörter für ihn zu Signalen. Wenn z. B. ein junger Hund spontan herbeikommt, begleiten wir seine Handlung mit einem bestimmten, sich immer gleichbleibenden Hörzeichen, so etwa mit »Komm«. Hat der Hund nach einigen Wiederholungen sein Herbeikommen mit dem gewählten Hörzeichen gedächtnismäßig verknüpft, werden wir durch das »Komm« diese Handlung auch auslösen können. Genau gleich gehen wir beim Üben aller anderen erwünschten Handlungen des Hundes vor. Dabei darf ein gebührendes Lob nie vergessen werden, das am wirksamsten kurz nach der Übung erteilt wird. Macht der Hund etwas falsch, reagieren wir mit einem ohne jede Erregung gesprochenen »Nein«. Erst danach nehmen wir ruhig, aber bestimmt, die Korrektur vor und beginnen die fehlerhaft ausgeführte Übung wieder von vorn. Geht es darum, eine unerwünschte Handlung zu unterbinden, verwenden wir das scharf gesprochene Hörzeichen »Nein«; so etwa, wenn der Hund etwas stehlen will.

Die Erziehung des Welpen beginnt am ersten Tag beim Einzug in seine Menschenfamilie. Dabei lernt er Lob und Tabus, Angenehmes und Unangenehmes kennen.

Nun steht der erste Spaziergang vor der Tür:

Bei den ersten kurzen Quartierrunden geht es vor allem zuerst darum, daß der Welpe mit dem Halsband und der Leine, mit der näheren Umgebung seiner neuen Wohnung, aber vor allem mit seinem neuen Partner vertraut wird. Er wird sich möglicherweise zuerst gegen das Leinenlaufen stemmen oder vorauspreschen. Die Einwirkungen des Besitzers sollen zu diesem Zeitpunkt noch gering bleiben. Wir versuchen lediglich, den Welpen zum Mitgehen zu motivieren, indem wir zulaufen und ihn, je nach Situation, mit etwas Schwung nach- oder zurückziehen, wobei die Leine nach jeder Einwirkung wieder locker durchhängen soll. Kleine Leckerbissen und eine lobende Stimme muntern ihn auf.

Sobald der Kleine mit der näheren Umgebung seiner Wohnung und vor allem mit seinem Partner vertraut ist, dehnen wir die Spaziergänge langsam aus. Nun ist der Zeitpunkt gekommen, einige Grundübungen zu lernen, die das tägliche Zusammensein und das gegenseitige Verstehen fördern und unterstützen.

Die drei Grundübungen

(gemäß U. Ochsensein in seinem Buch: ABC für Hundebesitzer, Müller Rüschlikon Verlags AG, Cham)
  a) Gehen, wenden, anhalten, sitzen
  b) Die Bleib-Übung
  c) Die Abrufübung, das Herbeikommen

Wenn diese drei Übungen wöchentlich drei- bis fünfmal während einigen Minuten gemacht werden, haben wir in relativ kurzer Zeit einen gefreuten, wohlerzogenen Hund,
der nicht an der Leine zieht,
der sich setzt, wenn wir anhalten,
der vor jeder Straßenquerung, vor jedem Ein- und Aussteigen in das Auto zuerst absitzt,
der kommt, wenn wir ihn rufen,
kurzum, der uns problemlos überall hin begleiten kann.

Zum Üben wählen wir einen verkehrssicheren Ort.

Wichtig ist, daß wir immer ruhig und gelassen bleiben, auch wenn der Hund den gleichen Fehler mehrmals macht. Darüber sollten wir sogar froh sein, denn das beweist uns, daß unser Hund ein selbständiges Wesen ist. Unser Auftrag ist, daß jede Übung sorgfältig aufgebaut wird, damit sie für den Hund verständlich wird.

Gehen, Wenden, Anhalten, Setzen (Bildfolge Seite 60)
Photos: U. Ochsenbein

Gehen

a) Der Hund geht immer links vom Führer.
b) Die Leine ist in der rechten Hand und hängt locker durch.
c) Die Gangart von Hund und Führer ist flüssig.
d) Während dieser Übung bleiben wir stumm.

Wenden
Nach einigen Metern Geradeausgehen, wobei zu beachten ist, daß wir uns immer aufrecht halten, machen wir eine Wende nach rechts. Da die Leine rechts gehalten wird, hilft unser Körper bei der Wendung mit, den Hund in die neue Richtung zu ziehen. Die Wendung soll ein Rechtsumkehrt an Ort sein und nicht bogenförmig gemacht werden. Nach der Wendung soll die Leine wieder locker durchhängen. Auch hier bleiben wir stumm und beachten den Welpen nicht. Dank seines gut entwickelten Raumgefühls wird der Welpe schnell begriffen haben, was wir von ihm wollen. Wenn er uns freudig folgt, darf er verbal aufgemuntert werden.

Anhalten, sitzen
Der Hund folgt uns auf der linken Seite. Nun verlangsamen wir unseren Schritt und heben

gleichzeitig mit der rechten Hand die Leine senkrecht an. Für den Hund ist das Anheben der Leine kein angenehmes Gefühl, und er wird versuchen, auszuweichen, indem er sich setzt. Zusätzlich können wir mit den Fingerspitzen der freien linken Hand ganz leicht auf die Kruppe des Hundes tippen, um der Sitzbewegung sanft nachzuhelfen. Während des Sitzvorganges unterstützen wir den Hund verbal und sagen freundlich »Siiitz«, und lassen die noch immer senkrecht nach oben gezogene Leine los. Bald wird der Hund beim Anheben der Leine in die Sitzstellung ausweichen, da er die Erfahrung gemacht hat, daß beim Loslassen der gespannten Leine der Zug auf das Halsband aufhört und zugleich mit dem Wort »Sitz« eine Verknüpfung machen. Sobald der Hund sitzt, richten wir uns auf und warten zwei Sekunden, bis wir ihn loben.

Die Bleib-Übung

(Bildfolge Seite 61)
Photos: U. Ochsenbein

Diese Übung ist der Grundstein zum gegenseitigen Verstehen und zum Vertiefen der Beziehung Mensch – Hund.

Sie bedeutet viel mehr, als nur einen folgsamen Hund zu haben, der dort sitzen bleibt, wo er dazu aufgefordert wurde. Vor jeder Bleibübung soll die Gehübung gemacht werden; der Hund ist so viel konzentrierter und wird sich für das Neue interessieren.

Ausgangsstellung: Der Hund sitzt an unserer linken Seite, die Leine liegt lose in unserer rechten Hand. Wir stehen gerade aufgerichtet. Die linke Handfläche halten wir über den Kopf des Hundes und sagen gleichzeitig »Bleib«. Wir nehmen die Hand sofort wieder zurück und bleiben aufgerichtet während zwei Sekunden stehen.

Nun treten wir entschlossen vor den Hund; dabei schauen wir geradeaus, über den Hund hinweg. (Wir schauen dem Hund nie in die Augen.) Nach zwei Sekunden loben wir den Hund: »Brav, Bleib.«

Nach einer Wartezeit von etwa 30 – 60 Sekunden halten wir unsere linke Handfläche vor und sagen gleichzeitig »Bleib«. Nach zwei Sekunden Wartezeit treten wir entschlossen neben den Hund, bleiben aufgerichtet, mit durchhängender Leine, stehen und loben nach weiteren zwei Sekunden: »Brav, Bleib.«

Bleibt der Hund während des Ablaufes der Übung nicht sitzen, sagen wir im Moment, da er den Fehler macht, mit ruhiger Stimme: »Nein«, und beginnen die Übung ganz von vorne. Der Hund wird nur verstehen und seine Handlung mit unserem Befehl verknüpfen können, wenn wir Schritt für Schritt vorgehen. Das bedeutet, daß wir, egal bei welcher Übung, immer in die Ausgangsstellung zurückgehen müssen.

Abrufen, herbeikommen

Auch bei dieser Übung gilt für den Besitzer Vorausdenken, dann Handeln. Wir wissen inzwischen, daß der Hund zuerst lernen muß, unsere Hörzeichen mit seinen Handlungen zu verknüpfen, wie beim Beispiel »Komm« erklärt wurde.

Die Abrufübung
Wenn diese Übung mehrmals durchgeführt

Wortlos hat sich die Besitzerin entfernt und sich in einer Distanz von 20 bis 30 Metern aufgestellt. Jetzt zählt sie langsam auf 20, wonach sie den Hund klar und kurz, aber nur einmal, ruft.

Der Hund läuft interessiert zur bewegungslos und entspannt verweilenden Besitzerin.

Ist er nahe genug, wird er herbeigenommen und genau wie bei der Übung »Gehen, Anhalten, Setzen« zum Sitzen in der Endposition gebracht.

Man schaltet nochmals eine Pause von mindestens 2 Sekunden ein, bevor man den Hund kurz lobt, wobei er nicht aufstehen darf. Bleibt er sitzen, ist die Übung beendet.
Photos: U. Ochsenbein

und von Zeit zu Zeit wiederholt wird, werden wir bald einen Hund haben, der auch wirklich kommt, wenn man ihn ruft.

Wir machen die Übung auf einem Waldweg oder ähnlichem, das kanalisierend wirkt. Weites, offenes Gelände lenkt den Hund zu sehr ab und erschwert den Vorgang.

Eine Hilfsperson hält den Hund zurück, während wir uns mit der in der Tasche versorgten oder umgehängten Leine etwa 30 Meter in gerader Linie vom Hund entfernen.

Nach dieser Distanz halten wir an, drehen uns in Richtung Hund um, schauen ihn aber nicht an, bleiben bewegungslos stehen und zählen dabei auf zwanzig.

Nun rufen wir den Hund einmal mit »Komm« oder »Hier«. Die Hilfsperson gibt den Hund frei, der nun auf uns zurennt. Dabei bleiben wir bewegungslos stehen.

Es ist durchaus möglich, daß der Hund neben uns vorbeirennt. Jetzt ist es wichtig, daß wir uns nicht bewegen und den Hund nicht anschauen. Der Hund wird irgendwann zu uns kommen. Dann fassen wir ihn am Halsband und setzen ihn an unsere linke Seite, richten uns auf, warten zwei Sekunden, binden ihn an, richten uns wieder auf und warten weitere zwei Sekunden, bis wir ihn gebührend loben.

Abrufen ohne Begleitperson

Wir rufen den Hund, wenn er auf uns zukommt, einmal bei seinem Namen und fügen das Hörzeichen »Komm« oder »Hier« bei, bleiben aufrecht, unbeweglich stehen, bis der Hund bei uns ist. Nun nehmen wir ihn wortlos beim Halsband und setzen ihn an unsere linke Seite und leiten die *Sitzübung* ein: Halsband

mit der rechten Hand anheben, mit den Fingerspitzen der linken Hand leicht auf die Kruppe tippen, verbal mit »Sitz« unterstützen, bis sich der Hund setzt, unter gleichzeitigem Entlasten des angehobenen Halsbandes.

Nun richten wir uns auf, zählen auf zwei, dann leinen wir den Hund an, richten uns wieder kurz auf – erst jetzt loben wir den Hund.

Diese Anleitungen erscheinen auf Anhieb sehr kompliziert, sind aber Schritt für Schritt so erklärt, um dem Hund die Verknüpfung mit unserem Hörzeichen so leicht wie möglich zu machen.

Etwas ganz Wichtiges ist das Lob – auch wenn der Hund nicht kommt, und man seiner dann irgend einmal endlich habhaft wird; sobald er bei uns wieder angeleint sitzt, wird er gelobt und *nie ausgescholten*. Das Herbeikommen muß für ihn immer etwas Angenehmes sein. Am Anfang sind Hilfsmittel wie kleine Leckerbissen eine Hilfe, dürfen aber nur verabreicht werden, wenn der Hund die Übung vollständig gemacht hat, d. h., wenn er wieder an unserer linken Seite sitzt.

Was tun, wenn der Hund nicht kommt?

Wir rufen den Hund ein-, höchstens zweimal, und erst dann, wenn er nicht zu sehr durch andere Einflüsse abgelenkt ist. Dabei sagen wir nicht nur seinen Namen, wir fügen immer noch das bestimmte Hörzeichen bei. Wenn wir ihn nur bei seinem Namen rufen, nimmt der Hund das als Bestätigung auf, daß wir ihn gesehen haben und wird sich weiter mit sei-

Vor jedem Ein- und Aussteigen wartet der Hund sitzend, bis er zum nächsten Schritt aufgefordert wird.
Photo: U. Ochsenbein

nem momentanen Tun beschäftigen. Wieso sollte er kommen, wir haben ihm ja gesagt, wo wir sind. Also gilt, je weniger rufen, desto besser – wenn wir aber rufen, müssen wir vom Hund auch die gewünschte Handlung ausführen lassen. Erst dann sind wir für den Hund glaubwürdig und werden als Rudelführer angesehen.

Wenn der Hund auf unser Rufen nicht reagiert, entfernen wir uns in zügiger Gangart in der entgegengesetzten Richtung. Kommt der Hund immer noch nicht, verstecken wir uns hinter dem nächsten Baum. Für uns kann es zum Geduldspiel werden, es lohnt sich aber auf jeden Fall, irgendwann wird der Hund aufgrund seiner natürlichen Neugierde kommen.

Eine weitere Möglichkeit, dem Hund das Herankommen interessant zu machen, wenn kein Versteck da ist: man entfernt sich ebenfalls in der entgegengesetzten Richtung, kauert in einiger Distanz zum Hund nieder, und fängt intensiv mit einem Gegenstand am Boden zu reiben an, oder man schnüffelt wie ein Hund … Seine Neugier wird überhandnehmen, und er wird kommen. Auch hier gilt: *das Lob* nicht vergessen – aber immer erst, wenn der Hund angeleint wieder an unserer linken Seite sitzt.

Wenn wir diese Grundübungen auf dem Hundespaziergang abwechslungsweise einbauen, fordern wir unseren Hund. Ein geforderter Hund ist ein ausgeglichener Begleiter. Wir wollen, daß es unserem Hund gut geht, daß er sich mit uns wohlfühlt. Also nutzen wir seine Anlagen zugunsten seines und letztlich unseres Wohlbefindens.

Teil VII

Ausstellungen

Jeder gute Züchter ist bestrebt, mit seiner Zucht dem Rassestandard, der bei der FCI hinterlegt ist, so nahe wie möglich zu kommen, allerdings nie auf Kosten der Gesundheit und der guten, für den Flatcoat typischen Wesensveranlagung. Um den Gedankenaustausch mit anderen Züchtern und Rassespezialisten zu pflegen, wurden vor über 100 Jahren, zuerst in England, später auch auf dem Kontinent und in Amerika, Hundeausstellungen ins Leben gerufen. Auch heute braucht der Züchter das Urteil des Experten. Es ist in erster Linie er, der seine Zuchttiere und ihren

Nachwuchs an die Ausstellung bringt. Dem Schönheitsrichter fällt eine ganz wichtige, oft zuchtentscheidende Verantwortung zu. Er ist es, der maßgebend den Weg bestimmt, wohin die Zucht führen soll. Beim Flatcoat sollte dieses Ziel klar sein: Er soll so bleiben, wie er ist, besonders jetzt, wo er zum Modehund geworden ist. Um dieser Aufgabe gerecht zu werden, hat sich der Schönheitsrichter über Jahre auf diese schwierige Aufgabe vorbereitet und

Im Ausstellungsring
Copyright: F. Steiner

wurde zusätzlich in Richterkursen der SKG geschult und geprüft.

Aus verschiedenen Gründen hat der gute Züchter nicht immer die Möglichkeit, vielversprechende Jungtiere zu behalten, und er ist den jeweiligen Besitzern dankbar, wenn diese ihrerseits den Nachwuchs an die Ausstellungen bringen. Der Züchter ist auf die Mitarbeit des Käufers angewiesen, denn erst bei diesem »Miteinander« kann die Qualität seiner Zucht zum Tragen kommen. Sehr oft gibt es auch Hundebesitzer, die aus Spaß und hundesportlichem Interesse ihre Hunde ausstellen. Wenn man die Absicht hat, mit seinem zukünftigen Hund an Ausstellungen zu gehen, tut man gut daran, seinen Welpen bei einem Züchter zu kaufen, wo so nahe wie möglich nach dem Rassestandard gezüchtet wird. Diese Züchter findet man an den Ausstellungen.

Der Sinn der Ausstellung ist auf keinen Fall, um jeden Preis gewinnen zu müssen. Sonst ist der Leidtragende dabei immer der Hund und letztlich die Rasse.

In der Schweiz werden pro Jahr vier bis fünf internationale oder nationale Ausstellungen für alle Rassen unter dem Patronat der SKG durchgeführt, wo die Anwartschaften und die Verleihung des Titels »Internationaler und Nationaler Schönheitssieger« vergeben werden:

CACIB = Certificat d'aptitude au championat international de beauté;

CAC = Certificat d'aptitude au championat.

Zusätzlich führt der RCS (Retrieverclub der Schweiz) seine jährliche Clubschau mit Vergabe des CAC der SKG sowie neuerdings zwei weitere CAC-Regionalschauen durch. Nähere Informationen über das Wo und Wann bekommt man beim Züchter, beim RCS und der SKG.

Verleihung des Titels »Schweizer Schönheitssieger«: Dieser Titel wird durch die SKG an Hunde vergeben, wenn sie drei CAC unter mindestens zwei verschiedenen Richtern an schweizerischen Veranstaltungen erhalten haben, davon mindestens zwei an internationalen Ausstellungen, wobei zwischen dem ersten und dem dritten CAC eine Frist von mindestens zwölf Monaten liegen muß.

Verleihung des Titels »Internationaler Schönheits-Champion«: Dieser Titel wird auf Antrag des jeweiligen Landesverbandes durch die FCI homologiert für Hunde, die den Arbeitsprüfungen unterworfen sind, wenn sie zwei CACIB in zwei verschiedenen Ländern, unter zwei verschiedenen Richtern erhalten und dazu eine anerkannte Jagdprüfung mit Erfolg absolviert haben. Eines der beiden CACIB muß im Landes des Wohnsitzes des Eigentümers erlangt worden sein.

In Deutschland und Österreich sind die Verhältnisse ähnlich wie in der Schweiz – für nähere Auskunft wende man sich an die entsprechenden Landesverbände oder Rasseclubs.

Vorbereitungen für die Ausstellung

Mit den Anmeldeformularen erhält der Aussteller ein Programm mit genauen Anleitungen über Klasseneinteilungen, Altersgrenzen, verlangten Schutzimpfungen und den Namen der Richter. Am Ausstellungstag ist er frühzeitig mit seinem versäuberten Hund dort und geht als erstes durch die Veterinärkontrolle. Dazu braucht er den Impfpaß des Hundes und die von der Ausstellungsleitung zugestellte Annahmekarte und Startnummer für den Eintritt. Eine Sicherheitsnadel für die Startnummer, die Vorführleine, Bürste, Kamm, Scheren und ein Frottiertuch sind nicht zu vergessen. An internationalen Ausstellungen werden die Hunde in Boxen untergebracht. Dafür benötigt man eine Anbindekette, eine Decke und ein Wassergeschirr. Ein Klappstuhl ist sehr praktisch, denn der Ausstellungstag ist lang und recht ermüdend.

Wo sich die Ausstellung befindet, wann welche Klasse gerichtet wird und viele weitere wichtige Informationen kann man dann vor Ort dem Ausstellungskatalog entnehmen.

Die Ausstellungsposition »gestellt«
Sh. Ch. Clowbeck Cock Robin
Copyright: B. Phillips

Wie führt man seinen Hund vor?
Der Schönheitsrichter will einen sauberen, gepflegten, gut bemuskelten und gesunden Flatcoat sehen. Er wird den entweder gestellten oder freistehenden Hund begutachten und wird ihn am ganzen Körper abtasten, sein Gebiß kontrollieren und ihn in der Bewegung bewerten. Das »Schönstehen«, das »Zähnezeigen« und das »Vortraben« müssen der Hund und sein Besitzer zuerst lernen. Man beginnt damit wenn möglich in frühester Jugend, wobei einige Minuten zwei-, dreimal pro Woche genügen.

Der Flatcoat wurde bis anhin meistens »gestellt« vorgeführt, d. h. der Vorführer stützt den korrekt hingestellten Hund zusätzlich am Kopf und an der Rute. In letzter Zeit sieht man aber immer mehr Aussteller, die ihre Flatcoats im freien Stand vorführen. Diese Methode wird

Die Ausstellungsposition »freistehend«
Exclyst Acclaim
Photo: Y. Jaussi

immer populärer und wird bei vielen anderen Rassen praktiziert.

Es gibt einfache Methoden, um beide Arten des Ausstellens zu lernen, die ohne großen

Aufwand in die tägliche Routine eingebaut werden können.

Wenn man seinen Hund »gestellt« vorführen will, beginnt man am besten nach der Fellpflege mit dem Aufbau der korrekten Stellung. Für diesen Vorgang sollte eine ruhige Atmosphäre herrschen und jede Hektik vermieden werden. An anderer Stelle in diesem Buch wurde darauf hingewiesen, wie der Hund mit der Zeit unsere Hör- und Sichtzeichen mit einer bestimmten, von uns gewünschten Handlung verknüpfen wird. Dies gilt auch hier – jede Manipulation am Hund soll mit unserer beruhigenden Stimme und immer mit dem gleichen, zur Position passenden Wort unterstützt werden.

Auf diese Weise wird der Hund schnell begreifen, und das »Schönstehen« wird für ihn innert kürzester Zeit zur Routine werden.

Um das Ausstellen im freien Stand zu lernen, geht man Schritt für Schritt vor:

Der 1. Schritt

Man stellt sich vor den stehenden Junghund und krault ihn sanft unter dem Kinn. Er wird das sehr angenehm finden und will noch mehr Streicheleinheiten. Er drängt mit dem Kopf gegen den Besitzer, macht dabei einen langen Hals und bringt seinen Körper so in die richtige Stellung. Dazu sagt man mit einschmeichelnder Stimme immer das gleiche Wort, z.B. »steh schön«. Bald wird der Hund das Hörzeichen mit der Streichelhandlung und dem »Stehen« verknüpfen.

Der Richter wird die Zahnstellung kontrollieren. Während man mit der einen Hand unter dem Kinn krault, hebt man ganz sachte mit dem Daumen der andern Hand von Zeit zu

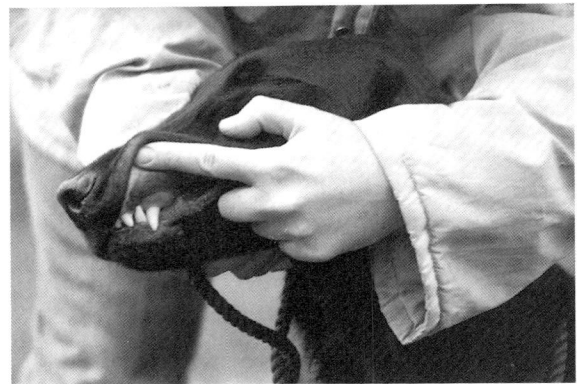

Auch das »Zähnezeigen« soll geübt werden, damit es für den Hund später an der Ausstellung etwas Alltägliches sein wird.   Photo: M. van Rijn

Zeit die Lippen des Hundes an, bis der Gebißschluß sichtbar wird. Wenn diese Übungen jeden Tag während einigen Minuten gemacht werden, hat man schon halb ausgestellt.

Der 2. Schritt

Beim Retriever geht die Liebe bekanntlich durch den Magen. Kleine Leckerbissen wie Cervelat- oder getrocknete Leberstücklein packt man in einen Frischhaltebeutel, der bei jeder Berührung vielversprechend raschelt. Nun hält man diesen anstelle der kraulenden Hand vor die Schnauze des Hundes, und wenn er schön steht, unterstützt man ihn wieder verbal und verabreicht ihm zusätzlich ein Stück vom Sackinhalt. Biskuits und ähnliches eignen sich schlecht, da sie krümeln. Der Hund wird dann unweigerlich am Boden schnüffeln und seine Stellung im negativen Sinn verändern. Der Vorführer soll sich nie über den Hund beugen, da das vom Hund als Bedrohung aufgefaßt werden könnte, sondern er versucht, in aufrechter Haltung mit durch-

hängender Vorführleine vor dem Hund zu stehen. Um die Haltung des Hundes zu überprüfen, stellt man sich am besten vor ein bis zum
Boden reichendes Fenster oder einen großen
Spiegel. Sobald das »Schönstehen« klappt,
läßt man den Hund von einer Zweitperson

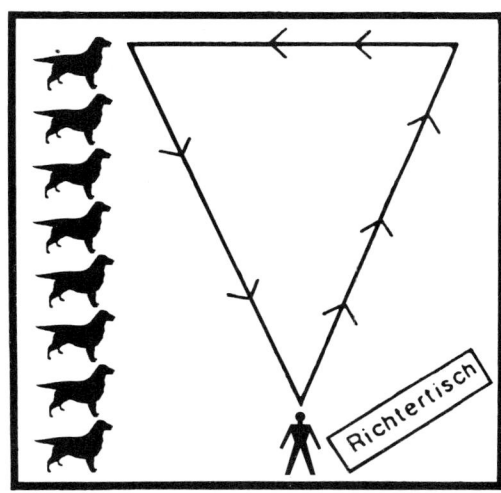

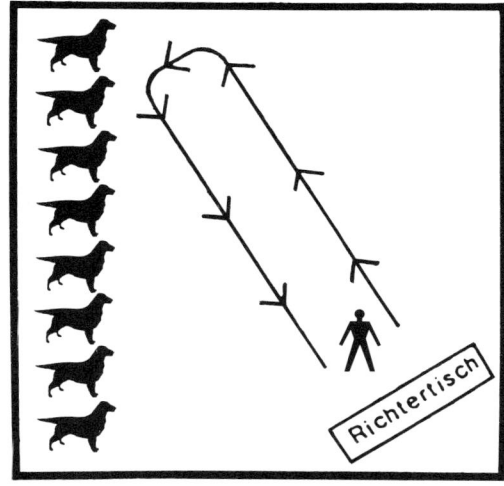

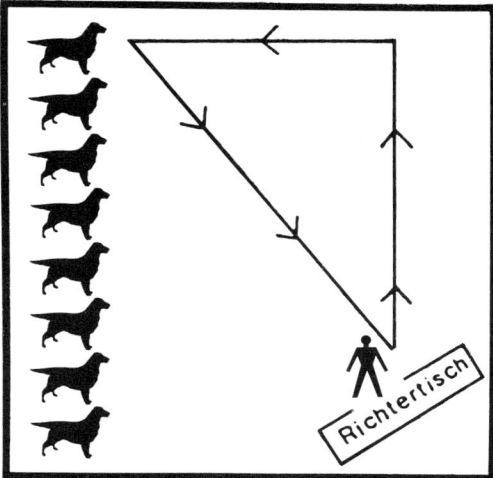

langsam von Kopf bis Fuß abtasten – dabei soll der Hund stehen bleiben.

Der 3. Schritt

Der Richter wird, wie gesagt, auch den Hund in der Bewegung begutachten. Man führt den Hund in gleichmäßigem Trab und grundsätzlich an der linken Seite vor. Auch das sollte man öfters üben, denn es ist für den Richter äußerst schwierig, das Gangwerk eines hochspringenden, undisziplinierten Hundes zu bewerten.

Die Zeichnungen auf Seite 71 zeigen die Bewegungsrichtungen, die vom Richter am häufigsten verlangt werden.

Im Vorführring

Mit der an gut sichtbarer Stelle (Revers, Gürtel usw.) angehefteten Startnummer stellt man sich mit seinem Hund in numerischer Reihenfolge im Gegenuhrzeigersinn im Ring auf und befolgt die Weisungen des Ringpersonals. Nun gehört die ganze Aufmerksamkeit des Ausstellers, solange er im Ring ist, nur noch seinem Hund und dem Richter.

Sportliches Verhalten

Gewinnen kann immer nur einer, und manchmal schneidet man nicht so gut ab, wie man das erwartet hat. Trotzdem hat man ja den »schönsten Hund«.

Richter sind auch nur Menschen und »Schönheit« kann auf verschiedene Weise interpretiert werden. Enttäuschung überträgt sich auf den Hund, nur: Er begreift nicht, was er falsch gemacht hat.

Die Hauptsache soll das »Mitmachen« sein, und wer weiß, vielleicht klappt es beim nächsten Mal besser.

Teil VIII

Züchten

Züchten ist kein leichtes Unterfangen, und wer dabei eine Geldquelle erwartet, läßt besser die Finger davon. Auch wenn der Tierarzt dem Hündinnenbesitzer empfohlen hat, daß für deren Gesundheit ein Wurf gut wäre, klärt man vorher beim zuständigen Rasseclub, auf einer Ausstellung oder beim Züchter der Hündin ab, ob sie sich überhaupt zur Zucht eignet, denn es sollten nur die besten, dem Rassestandard in hohem Maße entsprechenden Tiere zur Nachzucht eingesetzt werden. Eine Hündin, die nie geworfen hat, kann auch glücklich und gesund leben, da dies weitgehend vom Besitzer abhängt.

Voraussetzungen für einen guten Züchter

Die Voraussetzungen, die ein guter Züchter mitzubringen hat, sind vielschichtig und sollen hier etwas näher beleuchtet werden. An erster Stelle steht sicher die Liebe zur Kreatur, und er muß bereit sein, hie und da, ohne jede Sentimentalität, Opfer zu bringen.

Ein weiterer wichtiger Faktor ist die Zeit. Zeit für die Hündin, Zeit für die Welpen, Zeit für die zukünftigen Besitzer und Zeit für alle jene Besitzer, die schon einen Hund von ihm haben und froh um vernünftige Ratschläge sind. Die Liebe zum Tier endet nicht mit dem Verkauf der Welpen. Ein guter Züchter begleitet ihn und seine Familie ein ganzes Hundeleben lang. Aber auch ein gewisses Maß an Härte muß vorhanden sein, denn der gute Züchter zieht nur gesunde Welpen auf und muß manchmal kränkelnde, ungesunde Welpen in den Hundehimmel schicken. Wenn dieser schwierige Schritt getan ist, kann man sehr oft beobachten, wie Ruhe im Wurf einkehrt und die restlichen Welpen zu gesunden, widerstandsfähigen Junghunden heranwachsen dürfen.

Die Verantwortung des Züchters

Der Züchter soll sich als »Fürsprecher« seiner Zöglinge sehen, denn er hat den Wurf geplant. Er trägt die Verantwortung dem Tier gegenüber.

Eines der Hauptkriterien ist dabei sicher die Auswahl der zukünftigen Besitzer seiner Welpen, denn schon damit wird über deren weiteres Schicksal entschieden. Diese Phase ist eine der schwierigsten im Zücheralltag, denn in der heutigen Zeit von Wohlstand und Luxus gehört es oft zum guten Ton, sich auch einen Hund zu leisten. Dabei wird oft zu schnell gehandelt – ohne die geringste Ahnung von den Bedürfnissen, die ein Tier nun einfach einmal hat.

Der Züchter muß auch *Nein* sagen können, wenn er das Gefühl hat, daß der zukünftige Besitzer seinem Welpen kein hundegerechtes Dasein bieten kann. Es geschieht leider immer wieder, daß trotz aller Vorsicht ein Irrtum passiert. Nach einigen Wochen kommt dann ein verhaltensgestörter Junghund zurück als ein weiteres Opfer der heutigen Wegwerfgesellschaft.

Dabei lernt der Züchter allerlei Menschen kennen – macht negative, aber auch viele positive Erfahrungen. Manch nette Freundschaft ist schon via Hund entstanden. Die positiven Aspekte lassen mit der Zeit das Negative verblassen und ermutigen den Züchter in seinem Bestreben, gute Hunde zu züchten, weiterzufahren.

Der gute Züchter kennt seine Zuchtlinien und verfolgt die Entwicklung seiner Zuchttiere. Dabei berücksichtigt er alle wichtigen, rassespezifischen Punkte, die im Standard gegeben sind. Er legt größtes Gewicht auf das Aussehen und die Wesensgrundlagen mit all ihren Instinkten und Trieben – trägt ihnen in seinem Zuchtprogramm Rechnung und behält nur die besten Tiere zur Nachzucht. Er achtet darauf, daß die Linien der Ahnen zusammenpassen. Er nimmt also nicht einfach eine Hündin und einen Rüden und macht einen Wurf, sondern er kennt die Rasse und deren Ursprungsgeschichte gut. Er hat auch fundierte Kenntnisse in Genetik, denn die Vererbung spielt bei der Zucht eine wesentliche Rolle.

Die Zuchtzulassung

Bevor mit einem Flatcoat gezüchtet werden kann, muß er je nach Land und Zuchtreglement des Rasseclubs (in der Schweiz des RCS, in Deutschland des DRC und in Österreich des ÖRC) von dessen Zuchtkommission begutachtet werden, bevor er eine Zuchtzulassung (Körschein) erhält.

Eine Ankörung besteht aus vier verschiedenen Elementen. Ich führe als Beispiel das Schweizer Muster auf:

Wesens- und Anlagetest
Die Wesens- und Anlagebeurteilung kann nur durch einen vom Rasseclub gewählten Richter an einem offiziellen Bewertungstag erfolgen. Die Beurteilung umfaßt die Prüfung der Wesensgrundlagen in friedlicher Situation und der natürlichen Anlagen zur Jagdarbeit, inkl. Schußfestigkeit. Das Mindestalter ist 10 Monate. Es wird empfohlen, die Wesensbeurteilung bis zum Alter von 24 Monaten durchzuführen (Auszug aus dem Zuchtreglement des RCS).

Formwertbeurteilung
Die Formwertbeurteilung (Schönheit) kann von jedem von der SKG anerkannten Ausstellungsrichter gemacht werden. Das Mindestalter beträgt 12 Monate.

Augenattest
Beim Ersuchen um Zuchtbewilligung muß ein gültiges (nicht älter als 3 Monate) Augenattest vorgelegt werden, das durch einen vom RCS anerkannten Veterinärophthalmologen ausgestellt wurde. Vererbte Augenkrankheiten beim

Retriever können erst im Alter von 12 Monaten festgestellt werden.

Hüftgelenksattest

Es ist ein Attest der veterinärmedizinischen Fakultät der Universitäten Bern oder Zürich, aufgrund von Röntgenaufnahmen eines Tierarztes vorzulegen, wonach der betreffende Retriever frei von HD ist = Einstufung A, ein- oder beidseitig die Übergangsform = Einstufung B oder höchstens eine leichte HD = Einstufung C aufweisen darf. Gültige Röntgenaufnahmen können frühestens im Alter von 12 Monaten angefertigt werden. An dieser Stelle möchte ich darauf hinweisen, daß Retriever allgemein langsame Entwickler sind und demzufolge die Hüftgelenke beim zugelassenen Mindestalter noch nicht vollständig ausgeformt sein können. So ist es durchaus möglich, daß beim jährigen Hund eine leichte HD festgestellt wird, der aber mit 2 oder 3 Jahren ohne weiteres HD-frei sein kann.

Der Deckrüde

Für die Zucht stehen nur wenige Rüden, die dem Rassestandard sehr nahe kommen und deren Nachkommen den hohen Erwartungen der Zuchtverantwortlichen entsprechen, zur Verfügung. Auch hier ist es mit dem schnellen Geldmachen nicht getan. Die Verantwortung der Zucht gegenüber verlangt Opfer und Einsatz und viel Zeit vom Deckrüdenhalter. Zudem sollte er über die Physiologie des Deckrüden, der Zuchthündin und des Deckvorganges Bescheid wissen. Normalerweise kommt die Hündin zum Deckrüden. Wird für den vorgesehenen Deckvorgang immer der gleiche, für diese Tätigkeit geeignete Ort benutzt, weiß der Rüde nach ein bis zwei Deckakten jeweils sofort, was von ihm erwartet wird, wenn ihm dort die läufige Hündin zugeführt wird.

Ein ganz wichtiger Aspekt ist, wie eingangs schon erwähnt, der Faktor Zeit. Unerfahrene Hündinnenbesitzer kommen meistens viel zu früh zum Rüden. Oft dauert es noch zwei bis drei Tage, bis die Hündin deckbereit ist. Hier ist viel Fingerspitzengefühl nötig, denn der Hündinnenbesitzer erwartet immer einen erfolgreichen Deckakt. Aber es darf niemals vergessen werden, daß es sich auch bei Flatcoats um Lebewesen handelt, und daß die Natur hie und da immer noch selber bestimmt.

Nach vollzogenem Deckakt ist es üblich, daß die notwendigen Formulare ausgefüllt und von beiden Besitzern unterschrieben werden und daß die Decktaxe bezahlt wird. In der Regel stellt der Deckrüdenbesitzer den Rüden für einen weiteren Deckakt nach vierundzwanzig bis sechsunddreißig Stunden zur Verfügung. Sollte eine Hündin leer bleiben, ist es üblich, aber nicht zwingend, daß die Hündin bei der nächsten Hitze kostenlos dem Rüden nochmals zugeführt werden kann.

Die Zuchthündin

Der Flatcoat ist, wie schon an anderer Stelle erwähnt, eher ein langsamer Entwickler. Man soll der Hündin genug Zeit lassen, bis man einen Wurf plant. In der Regel ist sie im Alter von zwei Jahren so weit, wobei sie mindestens zwei Läufigkeiten durchgemacht haben sollte, die sie zum Entwickeln ihrer für die Geburt und Aufzucht nötigen Instinkte unbedingt braucht. Zudem bestimmen vernünftige Zuchtreglemente das Mindestalter zur Zuchtverwendung. Die Hitze der Hündin dauert in der Regel 3 Wochen. Bei jeder zukünftigen Zuchthündin wird jede Hitze und ihr Verhalten genau beobachtet und darüber Buch geführt. Das erleichtert die Berechnung des Decktermins. Zudem ist die heutige Veterinärmedizin in der Lage, die Zeit der Deckbereitschaft ziemlich genau festzustellen. Ein Wurf ist eine wichtige Angelegenheit und muß gut geplant sein. Das schließt die Auswahl des zur Hündin passenden Deckrüden mit ein. Man nimmt mit dem Deckrüdenbesitzer lange vor der Hitze der Hündin Kontakt auf, denn auch er muß planen können. Es könnte ja sein, daß noch andere Hündinnen angemeldet sind. Spätestens am ersten Läufigkeitstag vereinbart man mit dem Deckrüdenbesitzer das ungefähre Datum und die Zeit für den vorgesehenen Deckakt. Auf dem Weg zum Rüden läßt man die Hündin noch ausgiebig versäubern. Es gehört sich nicht, die nähere Umgebung des Wohnortes des Rüden und damit den Rüden selber mit den noch tagelang duftenden Brunftgerüchen der Hündin zu belasten. Beim Rüdenbesitzer angekommen, läßt man die Hündin im Auto und richtet sich nach seinen Anweisungen. Der Hündinnenbesitzer bringt die nötigen Zuchtformulare, die er beim Landesverband und/oder beim Spezialclub beziehen kann, mit.

Die biologischen Vorgänge der Läufigkeit, des Deckaktes, der Schwangerschaft, der Geburt und schließlich der Aufzucht des Wurfes sind viel zu komplex und können unmöglich in einigen Sätzen erläutert werden – die Verfasserin verweist deshalb auf die bewährten Werke: *Brevier neuzeitlicher Hundezucht von Dr. h. c. Hans Räber,* und *The book of the bitch,* von *Dr. med. vet. J. M. Evans und Kay White.*

Aufzuchtbedingungen

Für das spätere Verhalten des Hundes ist es von größter Bedeutung, daß er im jüngsten Welpenalter artgerecht gehalten wurde. Dazu braucht es eine geräumige, gut isolierte Wurfkiste, die ihren Platz in einem hellen, beheizbaren, gut durchlüfteten Raum haben sollte. Sie soll in einer ruhigen Ecke stehen, denn die ersten drei Wochen eines Wurfes stehen im Zeichen von Ruhe und Geborgenheit. Sobald sich aber Ohren und Augen der Welpen öffnen, ändert sich die Situation. Durch die tägliche Pflege – Reinigung des Lagers, Vitalitätsprüfung und Gewichtskontrolle – gewöhnen sich die Welpen vom ersten Lebenstag an an den menschlichen Geruch und das Angefaßtwerden. Das macht sie auch mit den Geräuschen der näheren Umgebung vertraut.

Etwa von der vierten Lebenswoche an wird die Wurfkiste zu eng, es wird gespielt, herumgetollt und gekämpft – und die Mutterhündin will nicht mehr Tag und Nacht mit den Welpen verbringen. Eine gute Infrastruktur erleichtert die Arbeit des Züchters und trägt viel zur optimalen Entwicklung der Welpen bei. Sie besteht aus viel Auslauf mit unterschiedlichen Bodenbeschaffenheiten und einer geräumigen, gut isolierten, wind- und wettergeschützten Unterkunft – alles sicher umzäunt. Ein leicht zu reinigender Ort, bestimmt für Kot- und Harnabsatz, wird bald von den Welpen aufgesucht. Dadurch wird Sauberkeit im Gehege erreicht und der Grundstein zur späteren Stubenreinheit gesetzt. In diesem Alter ist die Lernbereitschaft der Welpen erwacht. Für den Züchter beginnt die sehr viel Zeit beanspruchende Vorbereitung der Welpen für das Leben in einer hochtechnisierten Welt. Er organisiert viele Besuche, konfrontiert die Welpen mit viel Alltagslärm, wie Staubsauger, Küchengeräte, Radio und was da sonst noch alles tönt. Nach erfolgter Schutzimpfung gewöhnt er sie ans Autofahren – kombiniert mit kleinen Spaziergängen in Wald und Feld. Daß bei all diesen Unterfangen die Mutterhündin dabei ist, sollte selbstverständlich sein, denn sie leistet einen ganz wichtigen Beitrag im Sozialisierungsprogramm der Welpen. Mit ihr lernen sie den hündischen »Knigge«, der es ihnen später bei Begegnungen mit Artgenossen leicht macht, sich entsprechend zu benehmen.

Welpen, die auf diese Weise aufwachsen dürfen, entwickeln in einer für sie ganz wichtigen Lebensphase ein gutes Nervenkostüm. Mit all diesen Erfahrungen bestückt, werden sie sich viel leichter in der neuen Umgebung bei der Ersatzmeute, dem neuen Besitzer, integrieren.

Dies bedeutet einen optimalen Start einer zehn- bis fünfzehnjährigen, in jeder Beziehung bereichernden Gemeinschaft zwischen Mensch und Tier.

Der gute Züchter sorgt für Abwechslung im Welpengehege.
Photo: Y. Jaussi

Teil IX

Der Flatcoat im Jagdgebrauch

Das Großbritannien des 19. Jahrhunderts war das Land der großen Landgüter – ideale Voraussetzungen für die Jagd – es entstanden »Fieldtrials« (Jagdgebrauchsprüfungen) für Setter, Pointer und Spaniels.

Dank ihrer spezifischen Jagdanlagen für den Einsatz nach dem Schuß, wurden die Retriever um die Jahrhundertwende sehr populär – Retriever-Fieldtrials waren die Folge.

Die Fieldtrials sind in ihrem Ablauf der natürlichen Jagd in Form von Treibjagden so nah wie möglich angepaßt. Die einzelnen Triebe bestehen aus einer Linie (line), die sich aus 2 unangeleinten Hunden und ihren Führern pro Richter (2 – 3 Richter sind in einem Trial die Regel), mindestens 1 Flinte pro Richter, dem Prüfungsleiter und seinen Helfern zusammensetzt. Die »line« bewegt sich langsam durch das Gelände (walk up) und stoppt bei jedem Schuß, damit der vom Richter zu bestimmende Hund die Beute, meist Federwild, seltener Haarwild, so schnell wie möglich und ohne diese mit einem harten Zugriff zu verletzen, apportiert. Ein weiches Maul (soft mouth) ist Voraussetzung und eine der wichtigsten Charakteristika des Retrievers. Der Ablauf von Field-Trials obliegt einer genauen Reglementierung durch den Kennelclub, wobei heute Regeln, die schon in den ersten Trials vor mehr als 90 Jahren entstanden, immer noch zur Anwendung kommen.

Die Anforderungen an die Hunde für solche Prüfungen sind sehr hoch und werden nach einem Punktesystem bewertet.

Pluspunkte:
Suchfreude, Nase, Jagdpassion (natural gamefinding ability)
Gutes Auge, Beobachtungsgabe (marking)
Standruhe, in jeder Situation unangeleint bei Fuß bleiben (steadiness) und nie unaufgefordert hineinrennen (run in)
Führigkeit, Ausdauer, Stil
Bringfreude, Wendigkeit, Geschicklichkeit und Sorgfalt beim Apportieren von Wild
Wasserfreudigkeit.
Fehler:
Unruhe, Unaufmerksamkeit
mangelhaftes »marking«
knautschen (mouthing)
mangelhafter Appell
lautes Benehmen des Hundeführers.
Eliminationsgründe:
Ein hartes Maul (hard mouth), das das Wild verletzt
Winseln oder Bellen
Außer Kontrolle des Führers
Wasserscheuheit (Verweigerung, ins Wasser zu gehen)
Verweigerung des Apportierens
Beutewechsel während des Apportierens
ohne Aufforderung reinrennen (run in)

Aggressivität gegenüber Menschen oder Hunden.

Als Jagdgebrauchshund findet der Flatcoat auf den großen Jagden tagelange Einsätze zum Apportieren von Vogelwild. Dank seiner Robustheit, Zuverlässigkeit und Unkompliziertheit ist er der geschätzte und unentbehrliche Helfer bei solchen Anlässen. Für jeden Hundeführer ist es eine große Ehre, wenn er mit seinem Hund zur Teilnahme (to pick up) eingeladen wird.

In der *Schweiz, Deutschland* und *Österreich* erfreut sich der Retriever immer größerer Beliebtheit bei der Jägerschaft. Mit der Verstädterung und Industrialisierung und dem Ausbau der Straßennetze wurden auch die ehemals großen Jagdreviere und ihre Art der Bejagung betroffen. Die jagdlichen Eigenschaften des Retrievers für den Einsatz nach dem Schuß sind daher in der heutigen Situation bei uns ideal. Er eignet sich auch in hervorragender Weise für die Wasserjagd und als Schweißhund.

Wer mit seinem zukünftigen Begleiter jagdlich arbeiten will, wendet sich mit Vorteil an einen Züchter, der seine Zuchttiere ebenfalls jagdlich führt und bei der Wahl der Zuchtpartner die Arbeitsanlagen sorgfältig berücksichtigt.

Der Bringtrieb ist ausgeprägt vorhanden und wird beim Junghund spielerisch gefördert...
Photos: Milko van Rijn

... bis zur Vollendung im Jagdgebrauch.
Photo: S. Gmür

Basisübungen für den späteren Jagdgebrauch

Fördern des Bringtriebes: Der Welpe wird bei seinem neuen Besitzer von der ersten Minute an alle möglichen und unmöglichen Gegenstände in den Fang nehmen. Jetzt ist es wichtig, daß man alles, was der Welpe bringt, lobend entgegennimmt, damit er so schnell wie möglich die Verknüpfung macht, daß er alles, was er aufnimmt, auch wiedergeben muß (Teamwork Hund – Mensch). Dabei ist es äußerst wichtig, daß wir den apportierten Gegenstand sanft entgegennehmen, denn es ist unbedingt zu verhindern, daß sich ein »hartes Maul« entwickeln könnte. Urs Ochsenbein behandelt in seinem Buch »Der neue Weg der Hundeausbildung«, erschienen in der Müller Rüschlikon Verlags AG, Cham, die Grundlagen und den Aufbau des Apportierens sehr genau. Seine Methode ist auch für die Ausbildung des zukünftigen Jagdgebrauchshundes zu empfehlen. Wichtig ist, daß der Junghund nie überfordert wird, und daß in seinen ersten Lebensmonaten die ersten Übungen nur spie-

Retrievertraining: Beim »Walk up«. Der »Dummy« wurde ausgeworfen, alle Hunde warten gespannt auf die Aufforderung zum Apportieren. Die erfahreneren Hunde im Hintergrund sind nicht angeleint und zeigen »Steadyness«; der Junghund im Vordergrund wird noch durch die Leine unterstützt.

»Aufforderung«
Photos: Milko van Rijn

Field Trial-Atmosphäre: Dr. Nancy Laughton (mit Stock) und Miss Gwen Knight mit Claverdon Ladybird.
Copyright: B. Phillips

lerisch und nie mit Druck gemacht werden sollten.

Susan Scales empfiehlt in ihrem Buch »Retrievertraining the modern way« für den Anfang einen weichen Gegenstand wie Handschuhe, Socken und ähnliches, aber nie ein Spielzeug des Welpen. Man wirft den Gegenstand einige Meter weit weg – der Welpe wird ihm fast sicher nachrennen, ihn aufnehmen und damit wieder zurückkommen. Bevor nun der Gegenstand dem Welpen abgenommen wird, lobt man ihn für das Herankommen, streichelt ihn und nimmt ihm den Gegenstand erst dann sanft aus dem Fang. Wenn der Welpe nicht sofort kommt, gibt es mehrere Möglichkeiten, um ihn zu sich zu locken. Man kann wegrennen oder sich auf den Boden setzen oder legen, usw. Welche Methode auch immer angewendet wird, ist individuell, je nach Anlage und Tagesform des Welpen, das Ziel sollte immer die Apportierfreude im Zusammenspiel Mensch – Hund sein. Es sollten pro Tag nie mehr als 2 – 3 Übungen gemacht werden, wobei zu beachten ist, daß die letzte immer ein Erfolg sein sollte. Später kann man den weichen Gegenstand durch einen »Dummy«, einem weichen Sack aus Canvas, ersetzen. Dieses Apportiergerät englischer Herkunft kann man beim Spezialclub beziehen.

Vom Jagdgebrauchshund wird erwartet, daß er seine »Beute« auf dem schnellsten und direktesten Weg bringt, und kein Dickicht und kein Dornengestrüpp ein unüberwindbares Hindernis sein darf. Deshalb gewöhnt man schon den Welpen auf dem Spaziergang durch den Wald langsam an Dickicht und lehrt ihn so auf spielerische Weise, was später ein absolutes »Muß« sein soll. Versteckspiele mit der ganzen Familie sind ideale Hilfen und fördern die Mensch-Hunde-Beziehung kolossal.

Die meisten englischen Ausbildner empfehlen, mit dem gezielten, jagdlich ausgerichteten Training nicht vor dem achten, neunten Lebensmonat zu beginnen, wobei der Hund als Bedingung bereits einen zuverlässigen Gehorsam zeigen sollte.

Wenn der Hund diese Stufe erreicht hat, wendet man sich an die Spezialclubs in der Schweiz, Deutschland oder Österreich, die regelmäßig Jagdtrainings und Prüfungen durchführen. Dort werden »marking und steadiness« in Form eines »walk up«, was der »line« eines Fieldtrials angepaßt ist, im Beisein von Fachleuten geübt, wobei dem korrekten Ausführen des »retrieve«, zuerst mit dem »Dummy« später mit kaltem Wild, zuerst ohne Schuß, später mit Schuß, viel Beachtung geschenkt wird. Der Hund lernt systematisch nach der Pfeife und nach Handzeichen zu arbeiten, damit er auch auf Distanz eingewiesen werden kann und jederzeit unter Kontrolle des Führers bleibt.

Jagdsport

SCHWEIZ

Der Retrieverclub Schweiz führt regelmäßig jagdsportliche Übungen und Jagdprüfungen nach seinem *Reglement der Jagdprüfungen für Retriever* in verschiedenen Regionen unseres Landes durch.

Die Minimalanforderungen zur Teilnahme an jagdlichen Übungen sind ein guter Gehorsam, Wasserfreude und korrektes Apportieren.

Field Trial A

Diese Prüfung wird in Form einer Treibjagd abgehalten und kann aus jagdtechnischen Gründen nur im Ausland durchgeführt werden. Das Wild ist warm, d.h. es wird während des Triebes geschossen. Diese Prüfungen stehen unter dem Patronat der FCI, dabei wird das CACIT vergeben.

Apportierprüfung B

In dieser Prüfung wird mit kaltem Feder- und Haarwild gearbeitet. Ein Hund kann in dieser Klasse starten, wenn er in einer Prüfung C mit »vorzüglich« oder anläßlich eines ausländischen Field Trial A mit »sehr gut« bewertet wurde. In dieser Klasse kann der Schweizerische Arbeitstitel, CACT, vergeben werden.

Apportierprüfung C

In dieser Prüfung wird mit kaltem (totem) Federwild gearbeitet. Eine Qualifikation »sehr gut« berechtigt, den Hund an Ausstellungen in der Arbeitsklasse zu melden.

Schweißprüfung (Übernachtfährte)

Der Flatcoat eignet sich sehr gut zur Nachsuche im Jagdgebrauch. Die Schweißprüfung kann innerhalb einer Jagdgesellschaft, die der TKJ (Technische Kommission für das Jagdhundwesen) angeschlossen ist, durchgeführt werden.

DEUTSCHLAND

Der DRC führt drei Spezial-Leistungsprüfungen durch:

Bringleistungsprüfung (BLP/R)
Jagdgebrauchsprüfung für Retriever (JGP/R)

Dr.-Heraeusprüfung (Spezial-Jagdgebrauchsprüfung für Retriever)

Bringtreueprüfung, Verlorenbringprüfung und Verbandsschweißprüfung werden nach den Richtlinien des Deutschen Jagdgebrauchshundeverbandes durchgeführt.

ÖSTERREICH

Der ÖRC führt drei Spezial-Leistungsprüfungen durch:

Bringleistungsprüfung
Vollgebrauchsprüfung für Retriever
Field Trial A

Für Ausbildungsmöglichkeiten in Deutschland und Österreich wende man sich an die entsprechende Landesgruppe des Rasseclubs oder an dessen Hauptgeschäftsstelle.

Teil X

Maya Mächler

Chesapeake Bay Retriever

Vorwort

Rosemarie Wild hat mich gefragt, ob ich für dieses Buch den Chesapeake-Teil schreiben würde. Dies tat ich mit großer Freude, obwohl es mir bei diesem Thema schwerfiel, nicht ausführlicher zu werden.

Chesapeakes sind seit fünfzehn Jahren der Mittelpunkt meines Lebens.

Meinen Beitrag zu diesem Buch möchte ich Janet P. Horn widmen, ohne die ich nichts geschrieben hätte:

Sie ist eine der besten Chesapeake-Züchterinnen, und meine ersten beiden Chesapeakes, Jupiter und Juno, die Begründer meiner Zucht, stammen von ihr.

Seit fünfzehn Jahren hilft sie mir, indem sie alle Fragen beantwortet und mich an ihren Erfahrungen, ihrer züchterischen Weisheit und ihrem nimmermüden Enthusiasmus teilhaben läßt, der mir in schweren Zeiten oft die einzige Aufmunterung zum Weitermachen war.

Meine Zeilen sind auch Jupiter und Juno gewidmet und all ihren Nachkommen, im Speziellen natürlich Angie, Spikey, Judy und Maxie, die mit unserer Katze Mutzli und mir leben.

Maya Mächler

Die Water-Lovers Chesapeakes, Photo: M. Mächler

Chesapeake Bay Retriever, woher kommt dieser Name?

Die *Chesapeake Bay* ist eine Bucht in Amerika, die dieser Rasse ihren Namen gegeben hat. Sie liegt im Osten der Vereinigten Staaten von Amerika, zum größten Teil in Maryland, im Süden in Virginia. Die Bucht ist 280 Kilometer lang und bis zu 30 Kilometer breit. Die hierzulande wohl bekannteste Stadt in der Nähe dieser Bucht ist Washington D.C., der Sitz der Regierung der USA.

Retriever kommt vom englischen Tätigkeitswort *to retrieve,* was soviel heißt wie bringen, apportieren.

Heute ist die Chesapeake Bay, diese riesige Bucht, durch Straßen, Brücken und Tunnels erschlossen; früher jedoch war sie eine recht rauhe Gegend, wo ganzjährig gejagt und gefischt wurde. Die Indianer nannten diese Bucht **Chesepiook:**

Che = groß
Sepi = Fluß
Ook = viele (oder viele in einem),

was eine gute Beschreibung ist, denn:

Viele Flüsse münden in diese Bucht, so daß Süß- und Salzwasser sich an ihren sumpfigen Ufern, rund um die Landzungen und Inseln herum vermischen. Die Chesapeake Bay zeichnet sich durch großen Fisch-, Austern- und Krabbenreichtum aus und ist jeden Winter ein Refugium für unzählige Wasser-Zugvögel, Enten und Gänse. Auch die angrenzenden Wälder sind reich an Wildarten.

Auf dem Globus betrachtet, liegt die Bucht, deren Namen sich vom indianischen Chesepiook in Chesapeake wandelte, auf der Höhe von Valencia in Spanien. Das Klima ist im Sommer fast tropisch, im Winter jedoch ungemein rauh. Sie war schon immer ein Paradies für Jäger verschiedenster Herkunft: Zuerst waren die Indianer da, dann folgten sowohl die Berufs- als auch die Hobby-Jäger und Fischer.

Alle Jäger stellten bei diesem Wildreichtum der Bucht die gleichen Ansprüche an die Hunde:

Sie mußten absolut wetterunempfindlich und ausdauernd sein, fähig, auch bei Eis, Schnee und bei sehr hohem Wellengang zu arbeiten.

Der Chesapeake Bay Retriever gehört zur FCI Gruppe VIII, Apportier-, Stöber- und Wasserhunde.

Er wurde schon immer seiner Fähigkeiten wegen gezüchtet und gehalten. »Begabt mit einem unheimlich gesunden Verstand«, hat er eine ausgesprochene Persönlichkeit; es ist von jeher anerkannt, daß jeder einzelne Chesapeake ein ganz spezielles Individuum ist und somit das Recht auf eine individuelle Behandlung hat. Da er sehr stark, gesund, ausdauernd und wetterunempfindlich ist, wird er zur Jagd auch dort noch eingesetzt, wo die anderen Retriever kräftemäßig scheitern würden: Bei rauhester See, bei Regen und Sturm, oft auch in Eis und Schnee. Er paßt sich selbst den verschiedensten Jagdproblemen an, ist sehr selbständig und bedarf nur minimalster Unterstützung durch seinen Besitzer; er ist auch ohne viel Training einsetzbar. Dies muß beim Hundesport bedacht werden, denn eine sture, schemenhafte Ausbildungsform verleidet ihm schnell – er mag den Erfolg sehr, so daß er als echter Allrounder mit einem fähigen

Ausbildner in jeder Sparte glänzend abzuschneiden vermag. Er ist nicht nur ein guter Jagdkamerad, er wurde auch stets als Familienhund gehalten und ist ein hervorragender Wach- und Schutzhund, der seinen Besitzer, dessen Kinder, die Haustiere, das Boot, den Truck, das Haus und den Umschwung mit seinem großen Mut und oft unter Einsatz seines Lebens verteidigt.

Er ist liebevoll und feinfühlend, sehr wahrnehmungsvermögend, hoch intelligent und seiner Familie tief verbunden. Vielseitiger als die anderen Retriever, hat er außer der »Wasserliebe« (in den USA gilt er als die einzige *amphibische* Hunderasse) vor allem eines mit ihnen gemeinsam: Er wird nie »alt«, das heißt, er bleibt bis ins hohe Alter lern- und spielfreudig, begeisterungsfähig, der Spielkamerad der Kinder und ihr Bewacher.

In Amerika ist der Chesapeake außer als **Familienhund** und **Jagdhund** auch als **Drogenspürhund** bei der Polizei im Einsatz, einige sind auch voll ausgebildete **Polizeihunde**.

Als Blindenführhund hat sich der Chesapeake nicht bewährt; obwohl alle ausgebildeten Hunde die Abschlußprüfung bestanden, entwickelten einige mit der Zeit eine allzu beschützerische Art ihren Blinden gegenüber, so daß sich ihnen weder Bus-Chauffeure, Arbeitskollegen, noch Familienmitglieder mehr nähern konnten.

Bei der **Kranken-Therapie** in Spitälern und psychiatrischen Kliniken hingegen, als »**Sich-kraulen-lassen-Hund**« im stundenweisen Einsatz, bewährt er sich bestens.

Ein Züchter in Alaska gewann auch oft Schlittenhunderennen mit einem Gespann von sieben Chesapeakes.

In der Schweiz bewährten sich die Chesapeakes bisher in den Sparten **Begleithund, Sanitätshund, Fährtenhund, Suchhund, Katastrophenhund, Militärhund, Lawinenhund und Field Trials.** Zwei Chesapeakes waren als Katastrophenhunde in der Armee und einer ist zivil einsatzfähig. Er war 1992 im Erdbebengebiet in der Türkei im Ernsteinsatz.

Als **Schutzhund** ist der Chesapeake als einziger Vertreter der Retrieverrassen geeignet; einer war in den Sparten **Schutzhund** und **Inter** an Prüfungen in den vordersten Rängen anzutreffen.

Agility ist für den Chesapeake ein guter Ausgleich, jedoch mit der Einschränkung, daß diese Hundesportart für große Rüden kaum das geeignete Betätigungsfeld ist. Dieser Punkt ist beim Hundekauf zu beachten.

Generell gesehen gibt es praktisch keine Hundesport-Sparte, in der der Chesapeake nicht erfolgreich sein könnte; Voraussetzung dazu ist aber immer die nötige Fähigkeit des Besitzers und Führers, denn nur die Teamarbeit, das Miteinander von Mensch und Hund wird schlußendlich Früchte tragen.

Die Erscheinung des typischen Chesapeake Bay Retrievers

Der Chesapeake ist ein kräftiger, sportlicher, eleganter Hund mit kurzem, dichtem Fell, welches an Hals, Schulter, Rücken und Lenden gewellt, jedoch nirgendwo länger als 3,81 cm (1 ½ inch) ist, mit einer dichten, feinen Unterwolle. Keine andere Hunderasse weist ein ähnliches Fell auf, das die Eigenschaften des

Gefieders der Ente hat: isolierend gegen Kälte, Nässe, gegen Hitze und Trockenheit. Die in kalten Klimazonen gehaltenen Hunde haben ein dichteres Fell als die in warmen Zonen oder die nur im Haus gehaltenen Hunde.

Die Oberlinie ist hinten höher oder gerade, jedoch keinesfalls nach hinten abfallend.

Der Kopf ist breit und gerundet, mit mittlerem Stopp, keilförmig, aber nicht spitz geformt.

Die Ohren sind klein, von mittlerer Stärke und lose hängend.

Die Augen sind mittelgroß, sehr klar, von gelb bis honig- oder bernsteinfarben und weit auseinanderliegend. Früher glaubte man, daß die Sehkraft dieser Rasse wegen der hellen Augenfarbe anderen Hunderassen überlegen

sei, vergleichbar mit jener der Eule, des Löwen oder der Katze.

Der Hals ist muskulös und kräftig, um auch schwere Beute mühelos tragen zu können; er verschmälert sich gegen die Schultern zu, welche schräg liegen, um dem Gangwerk der Vorhand volle Aktionsfreiheit und viel Kraft zu verleihen.

Die Brust ist kräftig, tief und breit, mit guter Rippenwölbung. Der Rücken ist kurz und kräftig, mit gutem Beckenschluß. Der Rumpf ist von mittlerer Länge, die Flanken sind gut aufgezogen.

Die Hinterhand liegt so hoch wie die Schulter oder etwas höher und ist wenigstens so kräftig wie die Vorhand. Eine gute Hinterhandentwicklung ist Voraussetzung, denn sie muß beim Schwimmen die nötige Kraft liefern und ist bei der Zuchtauswahl ausschlaggebend.

Die Läufe sind mittellang und gerade, bestehen aus kräftigen Knochen, sind gut bemuskelt und haben geschlossene Hasenpfoten mit gut gerundeten, geschlossenen Zehen.

Die Rute ist von mittlerer Länge und am Ansatz mittelkräftig.

Die Farbpalette des Chesapeakes reicht von Dunkelbraun bis Strohfarben; alle Blond-, Beige-, Braun- und Rot-Töne, die Farben des toten Laubes, des Grases oder des Schilfes sind laut Standard gestattet. Seine Fellfarbe ist die perfekte Tarnung dieses Jagdhundes, und er ist für das Wild nicht oder nur schlecht erkennbar. Weiße Flecken sind an der Brust und an den Zehen gestattet – je kleiner, je besser.

Der Chesapeake soll einen aufgeweckten, fröhlichen, intelligenten Ausdruck zeigen.

Der typische Chesapeake Bay Retriever: Ch. Water-Lovers Hilly-Billie, Photo: M. Mächler

Dem Mut, dem Arbeitseifer, der Munterkeit, der guten Nase, Intelligenz, Wasserliebe und einer allgemein guten Qualität der Wesensveranlagung werden bei der Auswahl und der Zucht größte Beachtung geschenkt.

Ursprung, Geschichte und Entwicklung

Die Geschichte des Chesapeake Bay Retrievers wird nie lückenlos erforscht werden können; sicher ist, daß in der Chesapeake Bay bereits 1739 mit Hunden gejagt wurde, mit sogenannten Spaniels. Diese Spaniels sind nicht zu verwechseln mit den heutigen Spanielrassen – damals bezeichnete man jeden Jagdhund, der stöberte, schwamm und/oder apportierte, als Spaniel.

Die neuere Geschichte des Chesapeakes und der eigentliche Beginn gezielter Zucht gehen auf das Jahr 1807 zurück:

Während eines gewaltigen Sturmes geriet eine englische Brigg, ein Handelsschiff mit zwei Masten, vor der Küste Marylands in Seenot. Das Schiff, beladen mit Kabeljau (codfish), war von Neufundland nach Poole in Südengland unterwegs. Zum Glück war das amerikanische Schiff *Canton,* das *Hugh Thompson* aus *Baltimore, Maryland* gehörte und unter *Kapitän George Law* segelte, in der Nähe. Die englische Mannschaft wurde von der Besatzung der *Canton* gerettet, und *George Law* fand an Bord des kenternden englischen Schiffes auch zwei Neufundlandwelpen *(St. John's Hunde),* Rüde und Hündin. Er kaufte die Welpen dem englischen Kapitän ab, nachdem er diesen und seine Mannschaft in Norfolk, Virginia, an Land gebracht hatte. Er bezahlte eine *Guinea* pro Welpe, was damals ungefähr fünf US-Dollars entsprach. Bevor George Law wieder in See stach, gab er den Rüdenwelpen *Sailor* an *Mr. John Mercer* in *Westriver,* die Hündin, *Canton,* an *Dr. James Stewart* von *Sparrows Point.* Der englische Kapitän hatte erzählt, daß der Besitzer seiner Brigg regen Handel mit Neufundland treibe, und er einen Geschäftspartner von dort gebeten habe, ihm zwei Welpen aus verschiedenen Linien auszusuchen und mit der Brigg zu senden, weil er in England die Zucht dieser begehrten Jagdhunde beginnen wollte.

Der Rüde *Sailor* war von rötlicher Farbe, die Hündin *Canton* war schwarz. Sie waren von mittlerer Größe. Ihr Haar war kurz, aber sehr dicht. Sie hatten Afterkrallen.

Die Statuen von *Sailor* und *Canton* wurden von der *Koppers Company* in Baltimore im Jahr 1850 in Eisen gegossen, da die Firmeninhaber *Edward Bartlett, Dwight Mallory* und *Thomas Hayward* begeisterte Entenjäger waren. Eine der Statuen habe ich selbst gesehen.

Sailor und *Canton* bewährten sich bestens als Wasserhunde. Die Legende sagt, daß sie alles konnten; jedoch bei der Entenjagd, da waren sie unschlagbar.

Governor Lloyd tauschte einen Merinowidder gegen den Rüden *Sailor* ein, und dies in einer Zeit, als das Merinofieber um sich griff und Widder für mehrere hundert Dollars gehandelt wurden. Er nahm *Sailor* mit in seine Gegend, an das Ostufer von Maryland, und *Sailors* Nachkommen sind noch heute am Ost- wie am Westufer bekannt als die *Sailor-Rasse.*

1902

1890

1901

1886

So sah der Chesapeake vor ca. 100 Jahren aus.
Copyright: M. Mächler

Die Hündin *Canton* blieb bis zu ihrem Tod in *Sparrows Point,* und ihre Nachkommen waren und sind am *Patapsco Neck,* am *Gunpowder,* d. h. die ganze Bucht hinauf, bei allen Entenjägern für ihre Fähigkeiten berühmt.

Viele Erzählungen über die Leistungen von *Sailor* und *Canton* sind überliefert worden, vor allem über ihre Ausdauer: *Canton* verfolgte verletzte Schwäne und Enten meilenweit im Wasser, auch im Packeis, in Nebel und Dunkelheit. Beider Apportierfähigkeiten waren einmalig, doch waren sie ja in Neufundland speziell dafür gezüchtet worden. Ihre Vorfahren holten aus dem Netz springende Fische zurück, schwammen mit Rettungsringen zu sinkenden Schiffen und zogen Gerettete an Land, immer wieder, unermüdlich hin und her.

Es ist überliefert, daß die Indianer Neufundlands die Hunde zur Jagd, als Lasttiere und Schlittenhunde brauchten. Es sind Knochen von Hunden an der Seite ihrer indianischen Herren ausgegraben worden, die auf das Jahr 3000 vor Christus datiert wurden. Die maritimen Indianer Neufundlands hielten die Hunde nicht nur als Jagd-, Last- oder Schlittenhunde, sie waren auch ihre Familien- und Wachhunde und wurden mit Achtung behandelt, denn die Indianer glaubten, daß sie eine Gabe der Götter seien.

Die *Gentlemen-Landbesitzer* an der Chesapeake Bay trugen Sorge zu ihren Farmen und ihren Tieren und gaben sich bei der Zucht ihrer Hunde genauso viel Mühe wie bei den Farmtieren. Die Chesapeakes dieser Zeit waren geschätzte Familienmitglieder und die ständigen Begleiter ihrer Besitzer und deren Kinder.

Die Hunde variierten etwas im Typ, doch ihr Wesen und ihre Fähigkeiten waren schon bald sehr ausgeglichen.

Sailor und *Canton* wurden am Anfang wahrscheinlich mit den in der Gegend lebenden *Indianerhunden* gekreuzt, doch da immer mehr Siedler aus England mit ihren Hunden ankamen, wurden sie auch mit *Wasserspaniels* gemischt, wahrscheinlich auch mit *Pointern, Settern, Flatcoatartigen* und *Irischen Wasser Spaniels.*

Leider brannte das Clubhaus des *Carrolls Island Gun Clubs* ab, und so gingen die Zuchtunterlagen verloren.

Es ist überliefert, daß immer nur die besten, gesündesten und einwandfrei arbeitenden Hunde zur Weiterzucht verwendet wurden.

Da die Bucht sehr groß ist, erhielten die Hunde viele lokale Rassenamen. 1827 schrieb ein *Gentleman aus Philadelphia* im *The American Shooting Manual* über sie als *The Newfoundland Breed of Duck Dogs.*

Die *Sailor-Linie* wurde an der Ostküste *The Chesapeake Bay Duck Dog* genannt und als groß, rötlich und langhaarig beschrieben. *The Bay Duck Dog* wurden die etwas kompakteren, kleineren Hunde genannt, die rot bis riedgrasfarben waren. Sie hatten ein kurzes Fell und noch viele andere Neufundland-Charakteristika.

Dr. James Stewart und die Jäger des Westufers nannten ihre Hunde *Gunpowder River Dog* oder *Otter Dog.* Sie stammten von *Canton* ab und hatten ein kurzes, dichtes, pelzartiges Fell. Es wurde lange geglaubt, daß läufige Hündinnen über Nacht angebunden und von Ottern gedeckt wurden, was natürlich reiner Aberglaube ist.

The Red Winchester Ducking Dog, Brown Winchester oder Red Chester wurden die Nachkommen der Kreuzungen mit englischen Wasser-Pudeln genannt. Sie hatten sehr dichtes, öliges Fell. Sie waren rot bis braun, sehr sanft und auch sehr mutig, als Jagdhunde ebenso ausgezeichnet wie als Wach- und Schutzhunde.

Im Jahre 1876 waren erstmals Chesapeake Bay Duck Dogs an einer Hundeausstellung in Baltimore zu sehen. Diese Hunde waren aber noch nicht von einheitlichem Typ. Drei Mitglieder des Baltimore Chesapeake Bay Dog Clubs, James F. Pearson, Isaac T. Norris und H. Malcolm arbeiteten den ersten Rasse-Standard aus, der am 17. April 1890 in Kraft trat.

Bereits 1878 wurde ein Chesapeake beim American Kennel Club eingetragen: Sunday, ein Rüde, Züchter O. D. Foulks, Besitzer G. W. Kierstead von La Porte, Indiana.

Die Chesapeakes wurden nicht nur von den Landbesitzern sehr geschätzt, auch die Berufsjäger und -fischer kauften gute Hunde, da sie einen guten Hund ebenso wichtig fanden wie ein gutes Gewehr. Mit Hilfe der Hunde konnten sie teure Munition sparen und die Beute vergrößern. Die Hunde mußten in der Lage sein, aus Hunderten auf dem Wasser schlafenden Vögeln die durch den Schuß getroffenen herauszuholen.

Diese »Wasserleute« schossen im Herbst und im Frühling Vögel und lebten im Sommer vom Austern- und Krabbenfang. Sie wurden nicht reich, und da sie die meiste Zeit auf dem Wasser verbrachten, hatten sie keine Möglichkeit, die Hundezucht zu betreiben. Diese Aufgabe wurde von den Gentlemen-Farmern und den Sportjägern wahrgenommen.

Der Anfang der Reinzucht

Jay F. Towner aus der Bush River Gegend, in Locust Grove, Maryland, züchtete Chesapeakes von 1860 bis 1904.

Seine Zuchtunterlagen sind noch komplett vorhanden. Er verfaßte eine Broschüre, in der er für jeden Welpen garantierte, daß er gesund sei und bei richtigem Training ein guter Retriever werde – sonst solle man ihn abtun und gegen eine Todesbescheinigung habe der Besitzer Anrecht auf einen neuen Welpen, und zwar kostenlos, da er nicht wolle, daß jemand einen wertlosen Welpen aus seiner Zucht besitze.

Die Zucht vieler berühmter Chesapeake-Linien geht auf die späten 1880er Jahre zurück: Jene des schon erwähnten Carrolls Island Gun Clubs, der bekannten Hunde des Earl Henry sowie die frühen Hunde des Chesacroft-Zwingers von Baltimore, Maryland.

Einige Chesapeakes wurden nach Kanada exportiert, und David Rankin aus Sakatchewan berichtete, daß sie dort schon lange vor 1885, dem Jahr der Fertigstellung der Eisenbahnlinie, berühmt waren.

In den frühen Jahren des 20. Jahrhunderts nahm durch die Urbanisierung und Verbauung der großen, unberührten Jagdgebiete der Wildbestand ab, was zur Folge hatte, daß die Nachfrage nach guten Jagdhunden nachließ.

Viele Chesapeakes wurden weiter an der Bucht gehalten, als Familienhunde und für gelegentlichen Jagdeinsatz. Leider ließen die wenigsten Besitzer, eingeschlossen die »Wassermenschen«, ihre Hunde registrieren – leider ist das noch heute so – und nicht nur in Amerika.

Earl Henry von *Albert Lea* in Minnesota begann mit der Zucht 1888. Er entwickelte eine eigene *deadgrass*-farbene Linie (die Farbe des toten, dürren Grases, blond bis beige). Er bemühte sich sehr um die Rasse und war von so schillernder Persönlichkeit, daß er 1906 den Übernamen »Chesapeake King« erhielt, der ihm sehr behagte und den er bereitwillig akzeptierte. Er war es, der 1918 den noch heute existierenden *American Chesapeake Club* mit nur vierzehn Mitgliedern gründete. Die Rasse zu verbessern war der Zweck, sie zu vereinheitlichen und vor allem die Arbeitsqualität der Hunde weiter zu fördern, war das Ziel. Er arbeitete mit *W. H. Orr* und *F. E. Richmond* zusammen einen neuen Standard aus, der von über fünfzig Züchtern in USA und Kanada akzeptiert und vom *American Chesapeake Club* am 14. August 1918 offiziell übernommen wurde sowie auch vom *American Kennel Club,* der gleichzeitig den *American Chesapeake Club* anerkannte und als Mitglied aufnahm.

Weitere Namen von Züchtern aus der Zeit waren: *Barron* und *Orr,* aus *Mason City, Iowa, Father Joseph Schuster* mit dem *Sioux Mission-Zwinger* aus *Onaka, South Dakota* und *William Wallace Dougall* aus *San Francisco.*

1926 veröffentlichte der American Chesapeake Club ein Buch. Darin wurden von folgenden Züchtern Reklamen publiziert, z. B. IOWA: *M. S. Barron, Barron* und *Orr / Goodspeed-Kennels / Harry Carney / D. W. Dawson,* SOUTH DAKOTA: *J. L. Schmidt* und *Charles Morgan.* MINNESOTA: *Earl Henry / Albert Lea* mit dem *Land O'Lakes Zwinger.* NEBRASKA: *Clift Farm.* WASHINGTONSTATE: *Dr. J. Johnson.* In *KANADA waren die Züchter L. Calde-* cott aus *Stevenson, British Columbia* und *Harry Felt* aus *Findlater, Sakatchewan* zu der Zeit die Bekanntesten.

Ein Züchter pries seinen Deckrüden, wie dieser Auszug aus dem Buch zeigt, wie folgt an: »... er verlor noch nie einen Kampf oder eine Ente.« Dies widerspiegelt sehr treffend die Einstellung der Jäger in dieser recht rauhen Zeit und die Anforderungen, die man an den Chesapeake stellte.

Der Verkauf von Welpen und erwachsenen Hunden wuchs damals wegen der immer wieder ausbrechenden Staupe-Epidemien zu einem großen Problem an, da es ja noch keinen Impfstoff gab, und die Verluste daher sehr groß waren.

1934 wurden in den USA 283 Retriever registriert, davon 103 Chesapeakes.

1940 waren es bereits 1022 Retriever, davon 327 Chesapeakes. Der Zweite Weltkrieg hinterließ auch in Amerika in züchterischer Hinsicht seine Spuren, die Zahl der Eintragungen ins Zuchtbuch ging zurück.

1944 wurden nur noch 172 Chesapeakes registriert.

1975 finden wir 2421 eingetragene Chesapeakes, sie stehen an 46. Stelle von 121 in den USA registrierten Rassen.

1985 sind es ca. 7000 Chesapeakes, die an 21. Stelle stehen.

Seither erfolgt eine regelmäßige Weiterverbreitung der Rasse, die jedoch mit den sehr in Mode gekommenen Golden- und Labrador-Retrievern zum Glück nicht Schritt hält. So geben die Zahlen der HD-Auswertungsstelle (HD-Hüftgelenksdysplasie) der USA, die *Orthopedic Foundation for Animals, Columbia, Montana,* das Verhältnis deutlich wieder: Ausgewertete Röntgenaufnahmen von Januar 1974 bis März 1989:

Chesapeake Bay Retriever	3412
Curly Coated Retriever	233
Flat Coated Retriever	913
Golden Retriever	35532
Labrador Retriever	32483

In den USA gibt es keine Zuchtgesetze und keinen Zwang zum Röntgen oder zu sonst etwas, einzige Bedingung zur Eintragung eines Wurfes ist nur, daß beide Elterntiere einen gültigen Stammbaum haben; trotzdem dürften diese Zahlen das Verhältnis der Größe der Hundepopulation der verschiedenen Retriever-Rassen untereinander ungefähr widerspiegeln.

Der Chesapeake Bay Retriever in Europa

Vor 1936 ist kein Chesapeake-Import in Europa bekannt. Die ersten europäischen Zuchtversuche fanden in Großbritannien, Frankreich und Dänemark statt.

Großbritannien
1936 importierte der *Earl of Seton* die ersten Chesapeakes nach England, um seine Labradorzucht zu verbessern. Die Hunde kamen aus dem *Chesacroft-Zwinger* von *Anthony A. Bliss.*

Dr. Helen Ingleby, eine britische Züchterin, die jahrelang als Pathologin in einem Spital in Philadelphia gearbeitet hatte, brachte eine trächtige Hündin nach Großbritannien. Die Hündin warf in der Quarantäne und wurde nach der Entwöhnung der Welpen in die USA zurückgeschickt; die Welpen durften zu dem Zeitpunkt die Quarantäne verlassen, da sie in England zur Welt gekommen waren. England ist tollwutfrei, daher beträgt die Quarantänefrist sechs Monate. Dr. Ingleby und ihre Schwester verkauften die Welpen in Schottland. Einer der Käufer war *W. Somerset Maugham.* Dr. Inglebys Bemühungen, die Rasse in ihrem Heimatland anzusiedeln, schlugen fehl, da alle mit Labradors gepaart wurden.

Der Zweite Weltkrieg verhinderte weitere Importe, doch nahmen einige in England stationierte US-Militärs ihre Hunde mit. Der Rüde *Alpine Abi* durchlief die Quarantäne und soll angeblich in England einen Wurf gezeugt haben, bevor er wieder mit seinem Besitzer nach Amerika heimkehrte. Ungefähr zur gleichen Zeit importierte *Bruce Kennedy,* ein Rinderzüchter aus Schottland, die Hündin *Doonholme Dusty.* Sie wurde mehrmals vom Rüden *Brandy of Cowal* aus *Alpine Abi,* der einem Wildhüter gehörte, gedeckt.

Mrs. Margaret Izzard, Ryshot Kennels, bekannt für hervorragende Flatcoats und für die Ausbildung von Labradors und Goldens, kaufte 1967 von Bruce Kennedy den Welpen *Ryshot Welcome Yank.* Sie trainierte ihn wie die anderen Retriever für die Field Trials.

Die Farbpalette reicht von Dunkelbraun bis Strohfarben ...

Die tägliche Gewichtskontrolle
Photos: M. Mächler

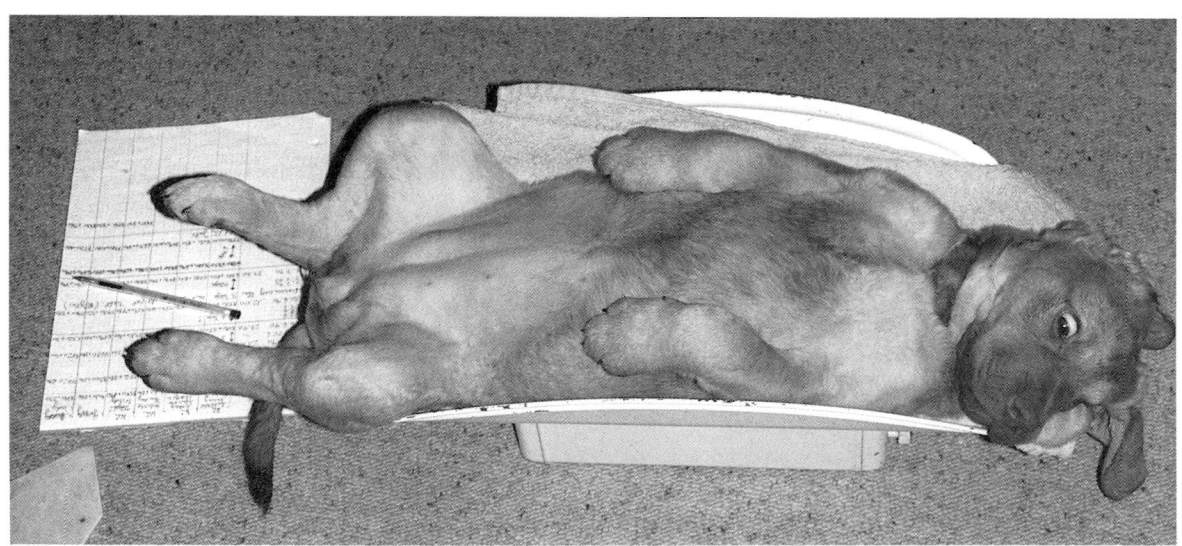

»Yank« wurde vor allem dort verlangt, wo in Küstengewässern gearbeitet wurde. Mrs. Izzard stellte ihre Hunde auch aus, wobei »Yank« viel dazu beitrug, den Chesapeake in Großbritannien bekannt zu machen. Die Hündin *Eastern Waters Ryshot Rose* wurde von Mrs. Izzard importiert und hatte 1974 einen Wurf von »Yank«. Als Mrs. Izzard 1975 starb, war das nicht nur ein Verlust für die britische Hundewelt, sondern auch für die Chesapeake-Rasse.

Die Hündin *Eastern Waters Morag* wurde von *Mr. J. H. A. Allen,* einem Rinderzüchter aus Devon, importiert. Sie gebar 1975 den zweiten Wurf von *Ryshot Welcome Yank.* Welpen aus diesem und dem *Izzard-Wurf* wurden nach Frankreich und Skandinavien exportiert. *Mrs. Joyce Munday* züchtet heute die Linie *Yank-Morag* weiter.

Obwohl die Quarantäne für die britische Chesapeake-Zucht ein großes Hindernis bedeutet, gibt es inzwischen mehrere neue Züchter, und die Rasse verbreitet sich stetig.

Frankreich

Kurz nach dem Zweiten Weltkrieg begann der Golden Retriever-Züchter *Comte de Bonvouloir,* Gründer des *Retriever Club de France,* mit seiner Chesapeake-Zucht. Er importierte mehrere Chesapeakes aus den USA. Er war der erste Franzose, der über die Retriever ein Buch schrieb. Seine Zucht existiert heute nicht mehr.

M. Philippe Valette kaufte vor etwa vierzig Jahren vom Comte de Bonvouloir seinen ersten Chesapeake. Er ist ein passionierter Jäger. Damals schossen er und seine Freunde bis zu 50 Enten am Tag, und er erzählt, daß

Vom Welpen ...

… bis zum alten Hund.
Photos: M. Mächler & Ch. Lefeivre

die anderen Retriever beim Müdewerden aufgaben, während die Chesapeakes weiterarbeiteten, bis der letzte Vogel apportiert war. In den fünfziger und sechziger Jahren importierte er Chesapeakes aus Amerika. 1975 kaufte er den Rüden *Lord* in Holland, der mütterlicherseits aus *Eastern Waters Magic Pearl* abstammte. Ein Sohn von Lord und einer nicht registrierten Hündin in Frankreich kam in die Schweiz und war ein hervorragender Jagdgebrauchshund. *Eastern Waters Juno* wurde mit *Lord* gedeckt und hatte 1985 von ihm einen Wurf in der Schweiz, dem *Ch. Water-Lovers Sunset-Spikey* entstammte. Diese Linie geht mit »Spikeys« Tochter *Ch. Water-Lovers Nashville Judy* und ihrer Tochter *Water-Lovers Maximum* (geb. 1992) weiter.

M. Valette sagt, daß »Lord« sein bester Hund war. Er hat 1982 noch einen Rüden aus den Niederlanden importiert. *France,* genannt »Ted«, wird nicht zur Zucht gebraucht. M. Valette, inzwischen ein älterer Herr, sagt, daß »Ted« sein letzter Hund sei, da, Zitat: »Die Jagd immer weniger werde, da die Zahl der Enten und anderer Tiere immer mehr abnehme.«

Auch in den letzten Jahren wurden Chesapeakes nach Frankreich importiert. 1992 fiel ein Wurf aus *Chesbay Cruiser* und *Shelley Sunshine,* beide Importe aus Großbritannien. Aus dieser Verbindung wurde eine Hündin in die Schweiz importiert.

Dänemark

In den späten dreißiger Jahren sollen die ersten Chesapeakes importiert worden sein, doch fehlen Unterlagen, und kein Hund überlebte den Zweiten Weltkrieg.

Mitte der sechziger Jahre wurden die Gründerhunde der heutigen Zucht aus Holland, Schottland, Schweden und Amerika importiert. Es gibt heute mehrere Züchter in diesem Land, und die Rasse ist recht verbreitet.

Skandinavien

In diesen Ländern gibt es Hunderte von Chesapeakes. Die ersten Importe aus Dänemark, Amerika und England fanden in den siebziger Jahren ihren Weg dorthin.

Schweiz

Es ist bekannt, daß in den siebziger Jahren ein Chesapeake (eventuell auch mehrere, Anzahl unbekannt, da kein Besitzer seinen Hund in das Stammbuch eintragen ließ) in der Schweiz gehalten wurde. Der eine wurde von einer Frau in die Schweiz mitgebracht, die lange in den USA gelebt hatte. Von ihm ist bekannt, daß er den Forellenteich des Nachbarn »leerfischte« und es sehr lange dauerte, bis er als Sünder ertappt wurde.

1975 kamen *Dr. Daniel und seine Frau Janet P. Horn* berufshalber nach Europa und lebten in *Gex, Frankreich,* dicht an der Schweizer Grenze. Seit 1946 halten und züchten sie, und mittlerweile auch ihre vier Kinder, die inzwischen weltberühmten *Eastern Waters Chesapeake Bay Retrievers.* Aus dieser Zucht gibt es inzwischen 117 Ausstellungs-Champions, ungezählt sind die Arbeitstitel aller Sparten.

Janet und Dan brachten zwei ihrer Chesapeakes nach Europa mit, den Rüden *Ch. Eastern Waters Skipjack* und die Hündin *Ch. Eastern Waters Stardust.* Bald sah man »Skipjack« und »Dusty« auf allen Schweizer Ausstellungen, auch oft in Frankreich und Italien.

Mrs. Janet P. Horn
Copyright: M. Mächler

Überall, wo sie erschienen, erregten die zwei Chesapeakes ziemlich viel Aufsehen, denn – wie inzwischen die meisten wissen – Chesapeakes sind ganz anders als die Goldens und die Labradors, an die man damals, als man auch den Flatcoat praktisch noch nicht kannte, gewöhnt war. Die Horns nahmen Kontakt

zum Schweizerischen Retriever Club auf. Am 28. November 1975 hatte »Stardust« einen Wurf von »Skipjack«. Mit besonderer Genehmigung des *Schweiz. Springer Spaniel und Retriever Clubs,* wie der *Retriever Club Schweiz* damals noch hieß, durfte dieser Wurf in der Schweiz geboren und unter dem Zucht-

Ch. Water-Lovers Charming-Angie und ihre Tochter
Ch. Water-Lovers Nashville Judy
Photo: M. Mächler

namen *Eastern Waters* ins *Schweizerische Hundestammbuch* eingetragen werden, obwohl die Horns ihr damaliges Domizil in Frankreich hatten. *Frau Geo Wettstein,* Golden-Züchterin in Nyon, übernahm die »Ammenstelle«, die ihr zu ungeahnten Erlebnissen verhalf, von denen sie noch heute zu berichten weiß. Leider fand keiner der Welpen einen Platz in der Schweiz, sie reisten nach Skandinavien und nach Frankreich.

Janet und Dan Horn kehrten nach Amerika zurück.

1976 wurden zwei Chesapeakes aus den USA in die Schweiz importiert, beide aus der *Eastern Waters*-Zucht der Horns: – *Eastern Waters Mountaineer,* dessen Vater *E. W. Skipjack* war, kam zu Peter und Madeleine Winkler, Würenlingen. Beide waren schon damals erfahrene »Hündeler«. »Mounty« wurde von Peter Winkler vom Begleithund bis zu Schutzhund III, Inter III, Katastrophenhund und Armee-Katastrophenhund ausgebildet und in den Ernsteinsatz geführt, während Madeleine mit ihm in den Sparten Sanitätshund III und Suchhund erfolgreich arbeitete.

– *Eastern Waters' Jupiter,* am 21. 3. 1976 im Hause von *Elisabeth H. Humer,* einer der Horn-Töchter (die Horns waren noch unterwegs), geboren, wurde von *Nelly Mauler* in *Auvernier* importiert und wechselte Anfang 1978 in meinen Besitz über.

1979 kam *Eastern Waters Juno,* eine Tochter von *E. W. Stardust,* zu mir.

Jupiter und *Juno* kann man als »Adam und Eva« der Chesapeake Bay Retriever-Zucht in der Schweiz bezeichnen. Beide wurden *Schweizer Sieger,* Jupiter auch *Weltsieger* 1979 und 1981, ebenso Gewinner des Europapokals 1978 (CH, D, F).

Beide waren regelmäßig an Ausstellungen zu sehen und ernteten unzählige CAC und CACIB, beide wurden in der Sparte Begleithund abgeführt und bestanden Prüfungen. Sie begründeten meine *Water-Lovers*-Chesapeake-Zucht.

Bisher wurden in die Schweiz eingeführt: Aus den *USA* eine Hündin aus *Maryland,* ein Rüde aus *Florida* und einer aus *Kalifornien.* Aus *Dänemark* ein Rüde, aus *Kanada* zwei Rüden und eine Hündin. Aus *Frankreich* eine Hündin und aus *Großbritannien* zwei Rüden. Seit dem *Eastern Waters-Wurf* von 1975 gab

Der Chesapeake als Katastrophenhund
Ch. Water-Lovers Charming-Angie
Copyright: M. Mächler

es in der Schweiz 8 Würfe *Water-Lovers* Chesapeakes: 1981, 1983, 1985, 1987, 1989, 1990, 1991 und 1992. Im März 1993 lebten in der Schweiz 32 Chesapeakes, wovon 25 *Water-Lovers,* während, als Vergleichszahl, im Jahre 1991 bereits 242 Flatcoat-Welpen aufgezogen wurden.

Dr. Daniel Horn, der auch als Richter im Schönheits- (Golden und Chesapeake) und Arbeitsring tätig war, starb am 7. Oktober 1992. Er war ein von der Ost- bis zur West-

küste bekannter, passionierter Aussteller. Seine Frau *Janet P. Horn* steht jedoch der *Water-Lovers-Zucht* nach wie vor mit ihrem umfangreichen Wissen als Ratgeberin zur Seite.

Janet P. Horn überarbeitet im Auftrag des *Howell Book Verlages, New York,* das bisher einzige umfangreiche Buch über die Rasse: *The Complete Chesapeake Bay Retriever* von *Eloise Heller Cherry.* Das Erscheinen der Neuauflage ist für Herbst 1993 geplant.

Deutschland

Zur Zeit soll es in Deutschland 25 Chesapeakes geben. 1992 erfolgte ein Wurf mit 10 Welpen aus *Ch. Gunstock Brown Bosun* mit der Hündin *Holiday Surprise,* der Züchterin *Frau Karin Edle von Löw.*

Österreich

Wahrscheinlich gibt es zur Zeit nur einen Chesapeake in Österreich.

Italien

Zur Zeit leben zwei Chesapeakes in Italien.

Erbliche Krankheiten

Bei den Chesapeakes können die erblichen Augenkrankheiten PRA und Katarakt sowie die Hüftgelenks-Dysplasie leider auch vorkommen. Da jedoch davon befallene Hunde im Bulletin des *American Chesapeake Club's* veröffentlicht werden können, und die Registrier-Nummern der freien Hunde bezüglich Augen und Hüften immer publiziert werden, haben die Züchter eine gute Informationsmöglichkeit.

Teil XI

Urs Ochsenbein

Von der Belastbarkeit des Gebrauchshundes

Wir haben bei der dargestellten Form der Gebrauchshundearbeit und im Jagdgebrauch darauf hingewiesen, daß es unter anderem die große Belastbarkeit dieser Rassen ist, die den Retriever zum zuverlässigen Helfer des Menschen macht.

Nun ist auch der bestveranlagte Hund nur unter bestimmten Bedingungen in der Lage, eine Ausbildung in diesen Bereichen zu verkraften und zum tüchtigen und verläßlichen Helfer zu werden.

Einmal ist eine seriöse Zucht dieser Tiere vorauszusetzen, die sich nicht nur auf die äußere Erscheinung konzentriert, sondern ebenso der charakterlichen Veranlagung die nötige Aufmerksamkeit schenkt. Ohne dies gelingt es auf lange Sicht nicht, Retriever zu produzieren, die ihrem Ruf als wesensfeste und belastbare Tiere gerecht werden.

Zum anderen müssen sich die Züchter ihrer Verantwortung für die Wesensbildung während der Aufzucht bewußt sein und entsprechende Vorkehrungen treffen. Denn bis etwa zur zwölften Lebenswoche ist der Welpe so unerhört aufnahmefähig wie später nie mehr. Man spricht von einer Prägungsphase. Das heißt, daß alles, was der Welpe in dieser Zeitspanne erlebt, sich ihm tief einprägt und ihm auch nach der Geschlechtsreife vertraut sein wird. Was ihm aber während dieser Lebensphase und in den darauf folgenden ersten paar Wochen beim neuen Besitzer nicht begegnet, womit er nicht konfrontiert ist, und das er somit auch nicht erlebt, wird ihn später immer verunsichern. Hat beispielsweise ein Welpe in dieser Lebensphase kaum je Kontakte zu Fremdpersonen, auch zu Kindern, wird er sich ihnen gegenüber als erwachsenes Tier stets unsicher oder unwohl fühlen. Je nach seiner Grundlage wird er dann ausweichen oder aber aggressiv auf sie reagieren. Dabei macht der Retriever keine Ausnahme. Dem Züchter obliegt somit die Aufgabe, seinen Welpen ein Umfeld zu bieten, das mit allen jenen Geräuschen und Objekten belebt ist, die sich in etwa beim neuen Besitzer ergeben werden.

Züchter, die diese Aufgabe aus Unkenntnis oder Bequemlichkeit nicht akzeptieren und ihr nicht tatkräftig gerecht werden, bringen selbst aus diesen begabten Rassen nicht jene Tiere hervor, von denen in diesem Kapitel die Rede war. Sie werden aber auch nicht Retriever hervorbringen, die als Familienhund ein vorzügliches Verhalten an den Tag legen werden, wie es ihnen bei fachgerechter Förderung im

Welpenalter eigentlich möglich gewesen wäre.

Die Käufer eines Retriever-Welpen (wie jedes anderen Hundes) sollten sich merken, daß jene Mängel, die sich infolge eines allzu sterilen Umfeldes während der Prägungsphase später ergeben, beim Welpen, den sie übernehmen, noch nicht in Erscheinung treten. Das geschieht erst in der Folge der Reifung zum erwachsenen Tier.

Wer sich also in dieser Beziehung vorsehen will, besucht mit Vorteil die Zuchtstätte und überzeugt sich selbst davon, ob hier die Welpen genügend Erfahrung sammeln können, um später in erwünschter Weise wesensfest und belastbar zu sein. Jeder gute Züchter wird potentielle Käufer herzlich willkommen heißen, denn ihr Besuch ist für ihn Teil jenes Umfeldes, das er seinen Welpen zu bieten bestrebt ist.

Mit der Übernahme des Welpen geht jedoch die Verantwortung für die weitere Entwicklung des Retrievers an seinen Besitzer über. Auch er muß es sich zur Aufgabe machen, das junge Tier weiterhin zu fördern. Dies gelingt ihm dann, wenn er Verständnis für die Andersartigkeit des Hundes aufbringt. Unter dieser Voraussetzung wird sich ein harmonisches Miteinander von Mensch und Hund über Jahre ergeben.

Wichtige Adressen:

FCI   Federation Cynologique Internationale
12, Rue Leopold II, B – 6530 Thuin

Landesverbände und Nationale Rasse-Clubs:

Schweiz:

SKG   Schweizerische Kynologische Gesellschaft
Falkenplatz 11, CH – 3012 Bern

RCS   Retrieverclub Schweiz
Im Wenkenberg 30, CH – 4126 Bettingen

Deutschland

VDH   Verband für das Deutsche Hundewesen e. V.
Westfalendamm 174, D – 4600 Dortmund

DRC   Deutscher Retrieverclub e. V.
Frenzenstraße 142, D – 5042 Erftstadt

Österreich

Österreichischer Kynologenverband
Joh. Teufel-Gasse 8, A – 1238 Wien

ÖRC   Österreichischer Retriever Club
Hammerauerstraße 126, A – 5020 Salzburg

Verzeichnis der Abkürzungen:

Kennel Club	Englischer Landesverband
Cruft's	Jährliche Ausstellung des Kennel Club
Field Trial	Englische Jagdprüfung
Sh. Ch. = Show Champion	Englischer Ausstellungschampion
Ch. = Champion	Englischer Ausstellungschampion mit Arbeitsqualifikation
F.T.Ch. = Field Trial Champion	Englischer Arbeitschampion
Dualpurpose	für Schönheit und Arbeit gleichwertig, Mehrzweck
CACIB	Certificat d'aptitude au championat international de beauté
CAC	Certificat d'aptitude au championat de beauté

Literaturverzeichnis

ABC für Hundebesitzer
Urs Ochsenbein
Müller Rüschlikon Verlags AG, Cham

A Review of the Flat-Coated Retriever
Dr. Nancy Laughton
Pelham Books
London

The Flat-Coated Retriever
Paddy Petch
K&R Books Ltd Edlington
Horncastle Lincs.

Flatcoated Retriever Directory
Brenda Phillips and Sue Kearton
Brenda Phillips, Sue Kearton
Poltimore, Exeter Umberleigh, North Devon

Year Book, Flat Coated Retriever Society
Julie Bevins
Crewkerne, Somerset

Hundemagazin, September 1989
CH-8105 Regensdorf

The Complete Chesapeake Bay Retriever
Eloise Heller Cherry
Howell Book House Inc.
230 Park Avenue, New York, N.Y. 10169

Gundog Breeds
James Johnston
Kelso Graphics
Kelso, Roxburghshire

Pure-Breed Dogs
Harry Glover
Trewin Copplestone Publishing LTD
London

The World Encyclopedia of Dogs
Ferelith Hamilton
New English Library
London

Dogs in Britain
Clifford L. B. Hubbard
Macmillan and Co LTD
London

Mein Freund der Hund
Verlag »Das Beste« GmbH
Stuttgart

Brevier Neuzeitlicher Hundezucht
Dr. h.c. H. Räber
Paul Haupt
Bern

Lexikon der Genetik der Hundekrankheiten
Ekkehard Wiesner, Siegfried Willer
S. Karger, Basel München Paris London
New York Tokyo Sydney

Susan Scales
Retriever Training
David & Charles
Newton Abbot London North Pomfret

Canine Terminology
Harold R. Spira
Harper & Row, Publishers
Sydney

Genetics and the Social
Behavior of the Dog
John Paul Scott and John L. Fuller
The University of Chicago Press
Chicago and London

Fachtierärztliche Durchsicht:

Med. vet. Y. Jaussi-Juon
CH – 3550 Langnau